央高校基本科研业务专项资金资助
央美术学院自主科研项目资助（项目编号：20KYZD011）

乡村振兴战略下的

何崴 著

 乡建思考

 与实践

THINKING AND MAKING OF ARCHITECTURE IN RURAL CHINA

辽宁科学技术出版社
·沈阳·

图书在版编目（CIP）数据

乡村振兴战略下的乡建思考与实践／何崴著 . —沈
阳：辽宁科学技术出版社，2021.7（2022.3 重印）
ISBN 978-7-5591-1814-1

Ⅰ . ①乡⋯　Ⅱ . ①何⋯　Ⅲ . ①农村—社会主义建
设—研究—中国　Ⅳ . ① F320.3

中国版本图书馆 CIP 数据核字 (2020) 第 200833 号

出版发行：辽宁科学技术出版社
　　　　　（地址：沈阳市和平区十一纬路 25 号 邮编：110003）
印 刷 者：广东省博罗县园洲勤达印务有限公司
经 销 者：各地新华书店
幅面尺寸：170mm×240mm
印　　张：25.5
插　　页：2
字　　数：500 千字
出版时间：2021 年 7 月第 1 版
印刷时间：2022 年 3 月第 2 次印刷
责任编辑：杜丙旭　刘翰林
封面设计：郭芷夷
版式设计：郭芷夷
责任校对：韩欣桐

书　　号：ISBN 978-7-5591-1814-1
定　　价：198.00 元

联系电话：024-23280070
邮购热线：024-23284502

序言 I

王受之

何崴的作品《乡村振兴战略下的乡建思考与实践》，是从国内和国际两方面，在对乡村振兴议题关注的大前提下提出的思考和实践的结晶，对于乡村建设（简称"乡建"）来说具有很积极的意义。

从国内来看，农业、农村、农民问题是关系国计民生的根本性问题，政府明确提出要实施乡村振兴战略，农业农村优先发展，乡村全面振兴，城乡融合发展，人与自然和谐共生，提出乡村是具有自然、社会、经济特征的地域综合体，兼具生产、生活、生态、文化等多重功能，与城镇互促互进、共生共存，共同构成人类活动的主要空间。实施乡村振兴战略是建设现代化经济体系的重要基础，建设美丽中国的关键举措，传承中华优秀传统文化的有效途径，健全现代社会治理格局的固本之策，实现全体人民共同富裕的必然选择。中央提出中国特色社会主义乡村振兴道路的七条路，即重塑城乡关系，走城乡融合发展之路；巩固和完善农村基本经营制度，走共同富裕之路；深化农业供给侧结构性改革，走质量兴农之路；坚持人与自然和谐共生，走乡村绿色发展之路；传承发展提升农耕文明，走乡村文化兴盛之路；创新乡村治理体系，走乡村善治之路；打好精准脱贫攻坚战，走中国特色减贫之路。

乡村振兴一直以来都被认为是一个自然法则的过程，比如联合国粮食及农业组织（FAO）的专家朱利奥·安东尼奥·贝尔迪格·萨克瑞斯汀（Julio Antonio Berdegué Sacristán）对农村发展下的定义就是："农村转型是社会全面变革的过程，农村社会多元化发展，减少了对农业的依赖；变得依赖与遥远的地方进行贸易以及获取商品、服务和思想……"FAO根据这个定义，

王受之

设计理论和设计史专家，现代设计和现代设计教育的重要奠基人之一，光华龙腾奖中国设计贡献奖金质奖章获得者。现任上海科学技术大学创意与艺术学院副院长，兼任澳门科技大学人文艺术学院设计学博士生导师，曾任美国艺术中心设计学院教授、美国南加州建筑学院教授、汕头大学长江艺术与设计学院院长。

提出了对非洲乡村振兴的指引，认为农村改造是在有或没有干预的情况下影响发展的过程。研究的内容包括农村转型趋势和驱动力，农村人口的变化，气候变化与资源退化，全球化的影响，城市化形成的新城乡关系，人口的迁移与流动，农业现代化进程。我看FAO的整个计划，还是一个比较被动的思想框架。

在历史上，村镇发展、乡村振兴是几度有过积极的参与经验的。我曾经去法国参观过的巴斯蒂德（Bastides）新城镇群就很有典型性。在13—14世纪，法国南部的朗格多克（Languedoc）、加斯科尼（Gascony）和阿基坦（Aquitaine）兴建了一批新的城镇，这批新城镇被称作"巴斯蒂德新城"。其中最早的一批是在图卢兹君主雷蒙德七世（Raymond VII）指挥下兴建的。在十字军东征的时候捣毁了这里的村庄，民众流离失所。雷蒙德七世鼓励游民参加城镇建设，特别是在受损坏最严重的法国西南部集中精力重建家园。因为得到了当时法国国王、英国国王的许可，获得当地贵族以及宗教团体的支持，所以新城镇的建设进展很快，在1222—1372年，先后有将近700个"巴斯蒂德新城"建立起来。这估计是最早的成功的乡村振兴项目。

根据精确和统一的规划法规，大多数"巴斯蒂德新城"都是根据交叉街道的网格布局开发的，由宽阔的街道将全城划分成街区。土地被划分成相同大小的地块，免费分配给定居者。市中心是一个方形的开放广场，用来作为民众集合的场所和集市市场。在市集市场上还设有带顶的称重和测量区。房屋的正立面必须排成一列，房屋之间留有空间，以利于防止和限制中世纪司空见惯的火灾的蔓延。不少"巴斯蒂德新城"建立在空旷的荒地上，因此都设计成类似城堡或要塞的形式，整座城市有城墙围绕，城墙开有几个城门，两侧是瞭望塔。

这些新城镇对于吸引人口、创造就业、活跃交易起到相当积极的作用。选择移居到"巴斯蒂德新城"的农民，不再是当地领主的附庸，他们成了自由人，因此，巴斯蒂德的发展促成了封建主义的衰落。新居民在新城镇附近开垦和种植，吸引了商人和市场贸易，推动了当地经济的发展。新城镇还为流散在周围乡村中的底层人民提供了住所，保护他们免遭有组织的强盗团伙的侵扰，从而改善了周围乡村的治安环境。很多新城镇选址在具有战略意义的位置上，例如重要的十字路口、海角上的制高点等，因而加强了自身的防御能力。在后来爆发的百年战争中，这些新城镇对于保障镇上民众安居乐业，起到相当重要的作用。

直至今日，还有不少"巴斯蒂德新城"在时间的流逝中幸存下来，如多姆（Domme）、艾美特（Eymet）和蒙巴泽（Monpazier）等。经过精心维护修缮，这些风景如画有着深厚历史沉淀的城镇，在节假日里吸引着成群结队的游人。经过岁月的涤荡，这些曾经的乡村振兴项目都成了历史文化的组成部分了。

"花园城市"（Garden City）则是从对工业革命引发的都市问题的关注，开始转向乡村振兴和新城镇的开发。英国社会活动家爱奔泽·霍华德（Ebenezer Howard）提出了解决方案。霍华德于1898年提出了名为《明天——走向社会改革的和平之路》的研究报告，在这个报告中提出了他的"花园城市"的构想。该构想的基础是设计一个环境优美、生活品质高的居住中心，改善当时问题丛生、人口猛增、贫富悬殊严重的城市。

霍华德提出的规划重点在于通过建立一系列小型的、精心规划的市镇来取代大都会，达到减少大都会人口的目的，同时提高所有居民的居住生活品质。这些小市镇都建立在大自然中，具有大都会所没有的优点。他在报告中提出了"花园城市"构想的5条主要内容：

1. 购买农业用地，然后以圆圈方式规划，外边建以环形的市镇围栏；

2. 市镇区域设计在这个大圆圈的中心部位，尽量设计得比较紧凑，外围则保持田园状态，成为包围内部市区的田园环绕带；

3. 在市镇内部按功能划分工业区、居住区、农业区；

4. 严格控制城市的范围，基本不允许"花园城市"向外扩张，也不允许市区占有农业区域，保持城市居住区、工作区和农业区的比例，保证生活品质不变；

5. "花园城市"土地价值的自然增加（增值）用来作为城市本身的基本福利开支。

整个"花园城市"的居民人口保持在3万人左右，他们工作和居住的用地仅占整个市镇的一小部分，而大部分土地，也就是环形外围的土地则作为农业、娱乐用地。其实就是最早基于乡村振兴，城市观念改变后的规划。

在1903年，英国开始按照霍华德的构想建造第一座"花园城市"，这个完全新建的市镇在距伦敦40多千米的哈特福德郡中，名为李什沃斯市（Letchworth）。该市的规划完全按照霍华德的构想进行，在建成之后，居民反映很好。因此，英国在1920年又在李什沃斯市附近开始兴建第二座类似的"花园城市"——魏尔温花园城市（Welwyn Garden City）。霍华德的规划把城乡结合在一起，把生产和生活结合在一起，保证生活和工作的方便，同时又保证了城市生活的高品质。在城市的外围建立绿化带，严格控制城市居民人口，使城市不再是拥挤不堪、居住条件恶劣的中心，而充满了绿化空间、田园景色。这些构想通过以上两座实验城市的验证得到很好的反应，因此，"花园城市"的思想受到广泛欢迎和称赞，欧洲许多国家和美国都纷纷仿效，对日后城市的发展起到促进作用。在第二次世界大战后，霍华德的"花园城市"构想在西方现代的郊区城市规划中得到进一步发挥和应用。

何崴的探索，集中在对现存的乡村提出改造的规划、建筑的新模式，这种主动的乡村振兴规划，非常令人注目。目前国内各地都响应中央的规划，深入探索乡村振兴模式，何崴的探索，是这股热潮中很有意义的一个。

期待何崴的《乡村振兴战略下的乡建思考与实践》一书成功，在乡村振兴中起到推动作用。

2020 年 9 月 2 日

序言 2

朱锫

很多年前,我与何崴老师相识于清华。这两年随着我到中央美术学院建筑学院执教,和他有更近距离的接触,也更了解他在建筑领域的思考与创作实践。我很高兴能为何崴老师的这本书作序。

朱锫
中央美术学院建筑学院院长、教授;朱锫建筑事务所创建人;美国哈佛大学、哥伦比亚大学客座教授;美国建筑师协会(AIA)荣誉院士。

何崴老师是中央美术学院建筑学院教授,近年来,他在教学之余,倾注了大量精力到乡村去从事规划和建筑实践,用自己的专业知识服务社会,取得了显著的成绩。本书是何崴老师关于乡村建设的一部专著,是对他近些年建筑研究和实践的一个小结,也是中央美术学院教学与科研工作的重要组成部分。

何崴老师是较早一批进入乡村的建筑师。从 2013 年至今,他和他的团队长期扎根乡村,持续关注中国乡村的现实问题,并带着思考完成了大量的优秀实践项目,获得了国内外学术界的高度认可,是国内乡村建筑领域的标志性人物之一。本书收录了何崴老师及团队近年来的主要代表作品,是研究中国当下乡村建筑设计的重要文献。

在我看来,何崴老师的乡村建筑实践带有明显的实验性。在"西河粮油博物馆及村民活动中心"项目中,他探讨了公共参与,建筑师与工匠混合设计、建造的命题;在"上坪古村复兴计划"中,他将产业策划、空间规划、建筑设计、文创产品开发等领域协同起来,形成整体性设计方法;在"爷爷家青年旅社"的设计中,他讨论了新材料——阳光板与传统空间、夯土材料之间的关系;在"石窝剧场"项目中,他将一个废弃采石坑改造为社区公共空间,尝试回答建筑、人和环境之间的关系。这些实验性的尝试都是勇敢的,且具有开创性。

何崴老师并没有忘记他作为学者的身份。在建筑实践的同时，他一直坚持相关理论的研究，并尝试将相关理论思考与自己的实践相互印证。他提出的"乡村弱建筑设计""乡村活化五要素"等观点在我看来是具有启发性和建设性的。

何崴老师的设计在思考建筑学问题之余，还特别强调社会性，将建筑视为乡村社会设计的重要组成部分。他曾两次获得WA 中国建筑奖的社会公平奖，这是对他乡村建设工作的一种肯定。在何崴老师的建筑设计中，可以清晰地感受到他的社会关怀。他的大量建筑实践都集中在中国贫困地区的乡村，虽建筑类型有所不同，但都从本地情况出发，强调用建筑改善村庄环境，提高原住民收入，增加公共空间，提升乡村活力。

我特别高兴能够看到此书即将出版，并能与国内外的读者见面。祝贺何崴老师，并希望他在未来创作出更多、更优秀的作品。

2020 年 9 月

前言

何崴

与西方社会以城邦为中心的发展轨迹不同，在中国社会中，乡村占据着重要的位置。在19世纪之前，中国一直是一个农业国家：乡村在国民经济中的重要性远远大于城市，大部分人的教育发生在乡村，几乎所有的文化都起源于乡村生活，正如孔子说的"吾观于乡，而知王道之易易也"。进入19世纪，随着政治经济环境的改变、现代城市化进程的推进，乡村逐渐衰落。随之而来的是民国时期知识分子的担忧，以及对后世影响深远的"乡村建设"运动。

从1949年至今，中国乡村经过了农业社会主义改造，人民公社运动、农村税费改革、社会主义新农村建设、乡村振兴5个阶段。乡村的功能定位从"生产主义"（Productivism）演化到"后生产主义"（Post-Productivism），再到"多功能"（Multifunctionality）；其社会身份则经历了从"乡"到"农"，再到"乡"的过程，即从传统意义的乡村到纯生产关系的农村，再到当下的与现代城市对应复合功能的乡村。乡村虽然在地理位置上没有变化，但在人口、产业、家庭和社区关系、管理方式、信仰等层面已经发生了巨大的变化。

在作者看来，经济是中国乡村诸多问题的基础，传统农业的凋敝导致乡村常住人口的减少，青壮年到城市中工作、生活，乡村逐渐空心化，没有劳动力，也就没有了活力。另一方面，城市资本的下乡在给乡村带来资源的同时，也把新的生活方式和价值观以及新人群带到了乡村。

作者认为，中国乡村存在着一种经济和社会层面的空间穿梭（Shuttling of Space）和时间折叠（Folding of Time）。所谓空间穿梭，指人和资源在城乡之间的往复，它将乡村演变为农民的乡村、农民工的乡村和城市人的乡村。时间折叠指城乡在经济、治理、思维、技术等层面的时差，中国城市处于工业—后工业时期，乡村则处于前工业—工业时期，在特定事件中这两个时区会重合作用在一点。这种时空现象使中国乡村处于一个复杂而特殊的状态，也就造成了在中国乡村中从事建筑设计和建造的复杂性和诸多困难。

本书是在中国当下乡村振兴的大前提下完成的，但其内容并不是广泛探讨中国乡村的方方面面，也不是对所有乡村建设项目进行综述，而是聚焦于作者的一系列乡村建筑实践及对相关问题的思考。

本书有3个主要组成部分，包括论文、案例和对谈。

论文部分是作者的几篇论文。作者从乡、建、人3个层面入手，集中阐述了作为背景的中国乡村和新乡村建设运动、乡村建筑设计的方法及建筑师在乡村中的身份和态度等内容和观点。其中作者将自己乡村建筑设计的方法归纳为总体设计、地域主义和乡土主义、公共艺术介入3种方法。而对于建筑师在乡村中的身份则总结为好的说客、品牌策划人、重建社群关系的推动者、乡土智慧的见证者和翻译者等10种。

案例部分包含自2013年以来，作者在中国不同地区、不同类型乡村中主持完成的9个具有代表性的乡村建设项目。按照类型它们被分为整村建设和单体建筑两部分，展现了作者在这一时期的乡村建筑实践成果。在整村建设案例中，作者团队的工作除了建筑设计外，还包括产业策划、空间规划、文创产品开发等内容。它们与单体建筑案例一起既代表了作者作为建筑师在空间、文化和社会领域的多维度探索，也是对作者提出的一系列乡建理论的实践验证。

在对谈部分，本书选取了作者在2014年与《建筑创作》杂志编辑的对谈作为开篇。在这次访谈中，作者结合自己第一个乡村建筑项目——"西河粮油博物馆及村民活动中心"的创作情况，阐述了自己对乡村建设的思考，访谈中的很多观点成了作者后续工作的基石。之后的两篇对谈，对谈人分别是著名建筑评论家、清华大学副教授周榕，著名策展人、当代文艺乡建代表性人物之一，《碧山》和《百工》的主编左靖先生。通过两位学者和作者的对谈，读者可以从更多维的角度了解本书作者对乡村、乡村建设、乡村建筑的态度。

书为悦己，写书某种角度是对自己工作的一次小结。本书是作者近年来主要研究和实践的一面镜子，从中可以反射出作者近年来工作的一个基本轮廓。当然，这些内容不是无源之水，它们是在乡村振兴的大前提下完成的，是新乡建运动的一部分，因此可管中窥豹，了解中国当前乡村建设的一些内容。

对于本书，作者希望它能够对广大专业读者有所帮助，但因为作者观点和项目的局限性，文中难免有偏颇或错误之处，欢迎各位同行、读者朋友批评、指正。

2020 年秋于北京家中

目录

建筑与乡建

从农村到乡村，乡村在当下中国的作用

自古以来农业和乡村都和中国的国家命运息息相关，孔子说："吾观于乡，而知王道之易易也。"改革开放 40 年来，虽然中国的城市化进程发展很快，按照国家统计局的数据，到 2017 年中国城镇率水平已经达到 58.52%，城镇常住人口达 81 347 万人[1]，已经占全国人口的 2/3。但从文化等层面讲，中国仍然是一个外于农耕文明的国家，"三农问题"仍是中国国家的核心命题。从党的十五大以来，每年国家的一号文件都聚焦"三农问题"就可以看出中国对"三农问题"的重视。

值得注意的是自党的"十八大"后，"三农问题"中的"农村"这一概念在悄悄发生改变。在很多场合中，"农村"一词逐渐被原本的"乡村"一词替换，这反映了中国乡村正在从单纯的、以生产关系来定义的时代走出来，进入一个新时代。其实，在近几十年，"农村"一词本就是对"乡村"一词的替代，是以生产为核心的概念，在之前的历史中无此命名。中国美术学院李凯生教授就认为，乡村在中国传统社会中，是国家生活和伦理社会的空间基层组织。在观念上，它首先是生活和社会的空间组织，其次才涉及产业特征，乡村还是国家政治和文化精英的策源地……乡村空间的性质可以不是农业，而是其社会空间的集合形态所体现的与自然、与生活基本事实的遗存关系。[2]

西方社会对于乡村的认知和乡村自身的发展转型，总体遵循着从"生产主义"（Productivism）到"后生产主义"（Post-Productivism）再到"多功能"（Multifunctionality）的乡村演化路径。在"生产主义"时期，农业的政策被置于社会的核心地位，乡村因而为农业所定义，社会对于乡村价值的认知也被简单地限定在了粮食生产上。在"后生产主义"时期，社会对于乡村的认知逐渐与农业分离，对乡村的需求从农业生产转向乡村消费，强调在消费休闲导向下的乡村农业发展。进入 21 世纪，对于乡村的认识进入到"多功能"乡村的阶段，即一个兼顾"生产主义"与"后生产主义"的平衡取向[3]。中国的乡村也几乎是沿着这条路径演进的，

---

1. 国家统计局：《中华人民共和国2017 年国民经济和社会发展统计公报》，http://www.stats.gov.cn/tjsj/zxfb/201802/t20180228_1585631.html，访问日期：2019 年10 月2 日。
2. 李凯生：《乡村空间的清正》，《时代建筑》2007 年第4 期。
3. 申明锐、沈建法、张京祥、赵晨：《比较视野下的中国乡村认知的再辨析：当代价值与乡村复兴》，《人文地理》2015 年第6 期。

从 20 世纪 40 年代末的以农业生产为核心，到当代乡村的"去农业化"、消费化现象，中国乡村同样经历了从"生产主义"乡村向"后生产主义"乡村转化的过程。2017年，在财政部出台的《关于开展田园综合体建设试点工作的通知》[4]中提出的实现农村生产、生活、生态"三生同步"，一二三产业"三产融合"，农业文化旅游"三位一体"的发展方向，反映出向"多功能"乡村转化的倾向。

另外，"乡村"和"农村"相比，更具有文化属性和精神属性。按照《现代汉语词典》的解释，"乡"除了有"乡村"（跟"城"相对）的意思之外，还有"家乡"的意思。对于中国人来讲，在 20 世纪中叶以前，"乡村"和"家乡"在很多时候是统一的。因为，大部分人在乡村出生，受教育，然后进入城市任职，老了、退休了"告老还乡"。这里"还乡"既有"乡村"的意思，也同时包含着"家乡"的意味。所以，"乡"除了地理概念外，更重要的还是文化概念、心理概念。将"农村"改为"乡村"，意味着这片与城镇对应的空间区域，不再仅仅是与工业对应的农业生产场地，它承载着更为丰富的内涵。正如申明锐等学者所述：

"当代中国乡村的三重价值——乡村的农业价值（Rural as Farmland）、乡村的腹地价值（Rural as Hinterland）和乡村的家园价值（Rural as Home-land）……农业价值，乡村是农业生产的基地、食物资源的供给之源，乡村的价值首先体现在农业生产的载体上，形成了乡村的首要功能。……乡村的腹地价值超越了传统的中心交换—边缘支持的腹地概念，体现在经济、生态、社会 3 个层面。……乡村的家园价值超越了经济生态等功能实用主义的理解，具备了无形但极其重要的社会文化含义。我们可以从乡土人居的保育、民族文化的维系、生命历程的教育等三方面来阐述乡村的家园价值。……乡村的家园价值关系着民族文化的维系。乡村的传统习俗、制度文化，凝聚的是全民族的文化认同，是集体主义情感、民族主义情感的基础。"[5]

---

4. 财政部：《关于开展田园综合体建设试点工作的通知》，http://nfb.mof.gov.cn/zhengwuxinxi/zhengcefabu/xiangmuguanlilei/201706/t20170601_2613307.html，访问日期：2019 年12 月1 日。
5. 申明锐、沈建法、张京祥、赵晨：《比较视野下的中国乡村认知的再辨析：当代价值与乡村复兴》，《人文地理》2015 年第6 期。

乡建的历史沿革

乡村问题并不是一个新命题。自近现代以来，中国的乡村问题一直是政府、各界知识分子关心的焦点之一。在 20 世纪 30 年代之后，中国经历过多次乡村建设运动，它们都是对解决当时乡村问题的有益尝试。它们或从平民教育入手，或从农村经济入手，或从乡村自卫入手，虽其入手处有异同，而目的在共谋农村之救济与复兴。[6]在民国时期最为著名的乡建代表是晏阳初领导的中华平民教育促进会，梁漱溟领导的邹平乡村建设运动，黄炎培领导的中华职业教育社等。[7]

"乡建"一词是"乡村建设"的缩写。1931年，梁漱溟开始将"乡村建设"一词的使用学术化，并出版《乡村建设》旬刊。后经不断发展，"乡村建设"已经成为一个涵盖政治、经济、社会、文化等多个层面的综合性概念。[8]

在 1949年 10月之后，和乡村有关的建设运动大致经历了 5个阶段：第一阶段是从 1949年 10月到人民公社成立前，即农业社会主义改造阶段；第二阶段是人民公社运动阶段；第三阶段从中国共产党十一届三中全会开始，家庭联产承包责任制的实施到 2001年开始的农村税费改革阶段；第四阶段是以中央（2006年）一号文件形式提出的，具有国策意义的社会主义新农村建设战略构想与实施阶段[9]；第五阶段是从党的"十八大"至今，一系列乡村政策的提出，包括"美丽乡村""特色小镇""田园综合体"等，"十九大"又进一步提出乡村振兴战略。在这些国家政策的引导下，社会各界再次进入乡村，就乡村的振兴问题进行了大量实践活动。我们正处于第五阶段。

与 20 世纪 20—30 年代的乡建不同，1949 年 10 月后的乡村工作不是以"乡绅制度"和"农耕文化"为基础的"自组织"行为，它们更多的是以政府为主导、国家统一政策为依据的国家行为。当然，在这个过程中，民间力量、学者、设计师和乡贤也发挥着重要的作用，特别是近年来，在乡村振兴战略下的一系列乡村工作中

---

6. 章元善、许仕廉主编《乡村建设实验（第一集）》，中华书局，1934，第 2 页。
7. 周凌：《桦墅乡村计划：都市近郊乡村活化实验》，《建筑学报》2015 年第 9 期。
8. 王伟强、丁国胜：《中国乡村建设实践的历史演进》，《时代建筑》2015 年第 3 期。
9. 孙君、廖星臣：《农理：乡村建设实践与理论研究》，中国轻工业出版社，2014，第 31 ~ 32 页。

$\dfrac{1}{2}$
$\dfrac{}{3}$

1. 农民的乡村，乡村仍然保持着自给自足的状态，村庄形态也相对传统（摄影：何崴）

2. 农民的乡村，留守村民大部分是老人（摄影：何崴）

3. 城市人的乡村，在资本下乡后，通过购买、租赁闲置的乡村建筑，并将其改造成为城市人喜欢的度假场地（摄影：何崴）

都能看到他们的身影。与 20 世纪 20—30 年代的乡建对应，我们可以称这些工作为"新乡建"。

不同时期，乡村工作的重点不同。如在党的十一届三中全会后，随着改革开放和全球化，乡村建设的核心命题是"三农问题"，即农业、农村、农民这 3 个问题。对于这个时期的"三农问题"，很多学者有过阐述，温铁军认为"三农问题"的两个基本命题：一是在人地关系高度紧张的基本国情矛盾制约下的土地制度变迁；二是城乡二元结构的基本体制制约下的农业剩余分配制度。[10]孙君等人则认为，"三农问题"归根到底是一个农业产业的发展，农民生存状态的改善和农村社会进步的问题。[11]华中科技大学中国乡村治理研究中心主任贺雪峰教授则认为，当前的农村问题的症结是农民收入增长的乏力和农民福利的侵蚀；而包括经济收入、人生价值、社会关系稳定感、生活环境等在内的农民福利与村庄有密切的关系。[12]从以上专家的观点不难发现，虽然侧重点不同，但"三农问题"涉及经济（农业产业和农民收入）、政治（基层组织机构建设，特别是乡村组织的行政效率等）、社会（农民身份的认同，包括自我认同和其他人对农民的认同，城乡认同，农村人际关系等）、文化（传统乡村文化与城市文化、西方思想观念的冲突等）多个层面的问题。

在这诸多问题中，最基础的还是经济问题，即农民收入乏力的问题。农民收入乏力，特别是从农业生产中获得收入越来越困难，导致了农村人口，特别是青壮年劳动力向城市的流动，去寻找工作机会。青壮年人口的流失，造成了中国乡村的"空置化""留守村"[13]问题，进一步加剧了农业的衰败，村庄环境的衰败和农村生活的衰败。同时，随着外出务工人员将城市图景（Image）带回乡村，外来"强势"文化进入乡村，此消彼长，乡村传统文化认同快速消失。这就造成了中国当代乡村常

---

10. 温铁军：《"三农问题"：世纪末的反思》，《读书》1999 年第 12 期。
11. 孙君、廖星臣：《农理：乡村建设实践与理论研究》，中国轻工业出版社，2014，第 25 页。
12. 贺雪峰：《乡村的前途》，山东出版社，2007，第 6～7 页。
13. "空置化"是指乡村因为人口流动造成的大部分民居长期无人居住、农田无人耕种的情况。"留守村"是指村中青壮年平时不在乡村，到城市中工作，村中只剩下老人和少量儿童看家的现象。在一般情况下，村中常住人口是户籍人口的 1/4～1/3。

1/2

1. 城市人的乡村，传统乡村变为收费的景区，古建筑变为场景，居民变为演出的演员（摄影：何崴）

2. 农民工的乡村，传统建筑被异地的、异域的风貌替代。但这类民居一般都处于半闲置状态，户主往往在城市中工作，只在春节期间才返回（摄影：何崴）

见的现象：经济衰落，环境脏乱、破败，传统空间形态被外来"城市性"元素同化，传统文化和社群关系快速消亡等。

与此平行，中国乡村还有另一种异化（Alienation），即士绅化（Gentrification）、景区化的倾向。乡村逐渐从家园变为了游乐园，或者度假地。这种现象集中在近 10 年发生，随着中国快速都市化（Urbanization）的进程，城市乡村的贫富分化进一步加大，城市人将乡村视为疏解城市压力的"后花园"。"定居在城市，度假在乡村"已经成为一、二线城市居民的一种常规生活方式。伴随而来的是资本的下乡，大量点状的、处于游离状态的乡野城市休闲空间（Rural Ubanistic Leisure Space）的涌现。它们位于乡村，但在大部分情况下，与乡村本地人无关，它们的服务对象是穿梭而来的城市人。

人和资源在城乡之间空间穿梭（Shuttling of Space）和乡村的异化，导致在中国有3个"乡村"：一个是农民[14]的乡村，一个是农民工（Farmer Workers）[15]的乡村，一个是城市人的乡村。

中国乡村还需要面对一个关于"时间"的问题。作者称之为时间折叠。在经济学和社会学层面上，中国乡村处于前工业—工业时期，其对应的中国城市处于工业—后工业时期，而全球（特别是与中国关联较密切的国家）大语境是后工业时期。前工业、工业和后工业，其对应的前现代、现代和后现代，有着很大的跨度，但由于信息、资本和人的流动，中国乡村无法置身事外，必然会受到"高位阶"的入侵。同时，中国乡村 2000 年的传统还具有一定的生命力，还在抵抗。因此，中国乡村处于一种多重力共同作用的状态，类似于不同时间被折叠在一起，不同历史阶段的物质、意识、技术、人际关系、管理模式等内容，重合在一起，压缩在一个"位面"上。这个"位面"就是中国乡村。

---

14. 这里的农民指长期生活在乡村，以农业为主要收入来源的人群。
15. 农民工，是在中国 1980 年代后出现的，户籍在农村但在城市中从事体力劳动的人群。其中男性大多数从事建筑业、工业的工作，女性以工业、服务业的工作为主。他们在城市中没有固定的房产，会季节性返乡。

显然，中国当下乡村的问题和 20 世纪 20—30 年代梁漱溟、晏阳初等一代乡村实践者面对的问题，在很多层面上是一致的，但同时，也面对很多新的问题和挑战。总体来讲，中国当下的"新乡建"是在乡村振兴战略引导下，涵盖政治、经济、社会、文化等多个层面的综合性系统行为。

建筑，在乡建中的作用

乡建并不是简单在乡村中做建筑，它是一个系统行为，但是在整个系统中，建筑行为占据着非常重要的位置，正如张利民所说："乡村的建筑是乡村文化的载体，是与村民们的生活、生产息息相关的生命体。"[16]在乡村中，房子是农民最主要的财产，除了是与土地同等地位的资产外，房子也代表了房子主人事业是否成功，社会地位是否显赫。在中国古村落中，规制高、建造精美的房子往往都是当时有钱有势的人回乡建造的。对中国人来讲，建筑除具有经济价值外，也具有身份象征的作用。此外，乡村的建筑还是连接天—地—人—神的锚点，正如海德格尔（Heidegger）所论述的，"建造"（德语Bauen）意味着在彼此无差异的空间中造成场所，在这之中，大地确立为大地，天确立为特殊的天，神确立为某个特殊的神，而人确立为某种特殊的人。建造的本质是"使定居"（Letting Dwell）[17]。建筑的这种精神属性在乡村尤为明显，它不同于工业革命之后的城市建筑，是具有地灵性（又称场所精神，Genius Loci或Spirit of Place）的。

在物理层面上，建筑往往也是乡建工作的开始。为何？因为房子是组成村庄的最

16. 张利民：《中国近代城市文化的乡村情结》，《中国社会科学报》2011 年第 9 期。
17. 海蒂·海伦：《建筑与现代性》，高正轩译，台湾博物馆，2012。

基本单元，要构建或者改变一个村庄，必然会触及建筑物及建筑物之间的环境。建筑及其延展工作，包括的景观、立面改造等是显性的，它能够快速、有效地改善村庄环境，提升村民生活质量，并借助这个建造的过程建立与农民的信任关系，增强农民对后续工作的信心，形成内生动力。同时，建筑也为乡村产业振兴和后续经营等内容提供了空间载体，是相关内容的物理基础。没有这个基础，其他工作就没有开展的可能性。再者，建筑作为显性元素，具有图像性和传播性。建筑的形象更容易引起外界的关注，有能力成为乡村对外宣传的支点。因此，本书作者认为，在乡建中，建筑有 3 个层面的作用，它们是：容器，触媒（Catalyst）和灯塔。

所谓容器作用，是指建筑为乡村产业振兴、公共活动以及与一二三产业有关的业态提供物理空间，成为上述功能的承载物。容器作用是由建筑的物理和空间属性决定的，是建筑在乡建中最基本的作用。要很好地完成容器作用，建筑（也可以拓展为村庄环境空间）在乡村建设中的位置往往是前置的，是最先完成的工作之一。正如在本书作者主持完成的河南省信阳市新县"西河粮油博物馆及村民活动中心"项目中，场地原有建筑——1950 年代的西河粮油交易所的改造工作是最早开始和完成的。也正是因为建筑改造项目的完成，新空间的实现、新功能的植入，才带来了后续村庄旅游业的发展和旅游服务业的兴起。

触媒（Catalyst）就是催化剂。乡村建筑的触媒作用是指，建筑作为村庄中的空间节点，除了自身的功能属性（容器作用）外，还起到榜样作用。建筑是物理实体（Object），也应该是一种媒介介质（Agency），是一种能激发其他行为的能力(The Capability of Acting Otherwise)[18]。因此，建筑不仅是最后的空间结果，还包含空间生成（Production of Space）的过程，在此过程中所关联发生的人、行动(Action)以及生成完成后的效果。好的乡村建筑可以通过自身影响

---

18. Anthony Giddens, *Social Theory and Modern Sociology*(Cambridge: Standford University Press, 1987) , p.13.

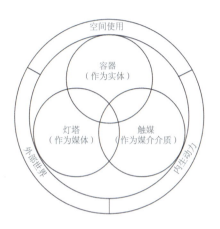

1.建筑在乡建中的3个层面的作用（作者自绘）

2.西河村民活动中心，建筑为公共生活提供了物理空间（摄影：齐洪海）

$\frac{1}{2}$

1.山东省威海市张村镇王家疃村地图，图中橙黄色位置是原有空间节点和新规划设计的建筑，通过"点带面"的模式，乡村活力被激发出来（三文建筑提供）

2.通过具有视觉识别性的空间设计，形成项目传播和公共召集（摄影：金伟琦）

力，辐射区域，拉动区域活动，激发乡村内生动力。在乡村中，因为资金、产权等限制，建设行为很难像城市中那样成片、大规模展开，点状的、分散式的建设或者改造是乡村建设的常态。所以，好的乡村建筑活动必须起到模范带头作用，这就如同触媒一样，虽然体量不大，但可以"以点带面"，激活区域，乃至这个村落。这种激活作用，不仅反映在为村民提供空间和功能改造试点层面上，更多的是通过个别案例的成功，增强村民对村庄未来的信心，使村民从被动等待外部帮助，到自觉行动。作者在2017年完成的福建省建宁县溪源乡上坪村、2018年完成的山东省威海市张村镇王家疃村及2020年完成的山西省韩洪沟老村中，建筑都是很好地起到了触媒的作用，村庄也在首批建筑完成后，逐渐复苏，形成了内生动力。

如果说建筑的容器作用和触媒作用主要针对建筑自身及所在乡村，那灯塔作用则主要是针对外部世界的。灯塔，顾名思义可以利用它的标志性给远处的人以引领，让"远方"可以发现"此处"。中国乡村，因为长期处于城乡二元中的弱势方，无论是资源和关注度都非常缺乏。而建筑空间因为其可识别性（Legibility）和可意象形（Imaginability）更容易在当下基于互联网络和移动设备的媒体环境中被传播、被记忆。因此，当乡村遇到建筑时候，如何利用好建筑的传播效应为乡村振兴服务就成为当下必须思考的命题。反之，乡建中的建筑也应该担负起灯塔作用，成为具有传播力的叙事手段。

乡村建筑设计的 3 种方法

总体设计，作为一种方法

乡村是一个复杂的系统，而乡村的建筑学也更多地处于一种前建筑学[19]状态。什么是前建筑学（Pre-Architecture），作者认为所谓前建筑学是指工业革命，现代建筑学之前的建筑状态和相关思想。在这个前工业时代（Pre-Industrial Age），建筑学还没有和生活朴素的需求分离开，还没有和艺术、工艺、节庆和信仰活动等行为分离开，建筑学还不是一门"学科"，它没有过高的门槛，也不存在明显的边界和"围墙"。在这个时期，文人可以造园，工匠可以建屋，要成为建筑师首先必须是雕塑家……

工业革命后，随着现代社会大规模生产的发展，工种和学科越来越细分，带来的是现代人越来越"专项"，社会再难出现前工业时代社会中"达·芬奇式"的全才。这在城市建设中是没有问题的，建筑师不必懂得结构，也可以不考虑产业；但在乡村这种彼此分离的方式是有问题的。乡建著名学者孙君就认为："人、自然、建筑、精神、文化是一个生命体。只有独立的规划和建设，系统就不存在，新农村建设也就很难做得有完整性，也就谈不上新农村建设的生命力。"[20]南京大学的赵辰教授也认为，"从本质上讲，当今学术的分科与社会的分工运行和管理，实际是一种适应城市发展运作的机制，已完全不适合乡村的综合性与整体性。对于这种微缩而整体的乡村发展进行规划，进行各自缺乏沟通协调的分工管理和分项研究，必然带来巨大的矛盾"。[21]

其实乡村建筑本身就不是一个孤立的事物。建筑的产生、消亡有其背后的原因和规律，这些原因和规律更多是源于乡村的经济和社会结构的变化，建筑只是这些深层次原因的外化。正如中国大部分乡村的建筑多处于闲置状态，其原因不简单是建筑风格或者质量问题，而是因为农村人口的大量外移，常住人口大量减少，以及村庄原有经济产业，如农业的消退而造成的。[22]因此，乡村中的建筑设计问题不是一个专业的独自的舞台，它更应是一项社会工作，这意味着在做乡村建筑

---

19. 李凯生：《乡村空间的清正》，《时代建筑》2007 年第 4 期。
20. 孙君、廖星臣：《农理：乡村建设实践与理论研究》，中国轻工业出版社，2014，第 153 页。
21. 罗辉、赵辰：《中国南方乡村复兴要点讨论——从福建屏南北村谈起》，《建筑学报》2015年第9期。
22. 何崴：《好的建筑是村庄里的"酵母"》，《光明日报》2018 年 8 月 12 日。

的时候，要去思考从材料到工程的各个阶段、施工条件、交通、社会发展以及生产生活等各个方面，要有这种整体性的社会思考，应该能够解决一些社会问题和乡村问题，而不应该变成一种专项的学术研究。[23]

对乡村建筑设计整体性的思考，也可以从发源于德国戏剧艺术领域，在德国包豪斯学校（Bauhaus Schule）也有所发展的总体艺术（德语Gesamtkunstwerk，英语Total Work of Art或Ideal Work of Art，Universal Artwork等）中获得启发。总体艺术的理论，由德国戏剧家理查德·瓦格纳（Richard Wagner）在1894年发表的《艺术与革命》（"Art and Revolution"）、《未来之艺术》（"The Art Work of the Future"）两篇论文中率先提出，并将其发扬推广。[24]总体艺术最早在戏剧中被运用，其核心思想是将多种艺术形式，以总体性的思考，综合运用在一起。瓦格纳认为古希腊时期的艺术是理性艺术的典范，那个时期的戏剧艺术都是综合体，诗歌、音乐、舞蹈、绘画、建筑等艺术形式之间是一种自然的结合。他主张恢复姊妹艺术之间原有的自然关系，发展一种综合艺术。[25]在包豪斯学校时期，受到瓦格纳的戏剧思想和德意志制造联盟（Deutscher Werkbund）设计"从沙发垫到城市"（德语Vom Sofakissen zum Städtebau，英语From Sofa Cushions to City-Building）宣言的双重影响，包豪斯学校的师生们不同程度上跟随了总体艺术的思想，最早是在戏剧设计中，之后在建筑设计中都有体现。在那个时期，现代主义建筑师们往往会从规划、建筑、室内、家具，甚至是壁画，进行整体性思考，并完成设计，他们也会跨界进行戏剧舞台、艺术装置等方面的创作。彼时，并没有后世严苛的学科划分，建筑学不是与城乡规划、风景园林、环境设计平行分开的一级学科，建筑师（Architect）也还具有战略家（Strategist）和艺术家（Artist）的身份。

诚然，总体艺术随着20世纪中叶之后的社会变迁，在以大工业、大分工为基础

---

23. 赵辰、李昌平、王磊：《乡村需求与建筑师的态度》，《建筑学报》2018年第8期。
24. Gesamtkunstwerk, Wiktionary, https://en.m.wiktionary.org/wiki/Gesamtkunstwerk.
25. 张春华：《瓦格纳"总体艺术"观对象征主义美术的影响》，《山东艺术学院学报》2006年第2期。

的城市建筑中已经逐渐失势，但对于中国当下的乡村建筑还是有借鉴意义的。总体艺术产生的背景（19世纪末—20世纪初）和中国当下乡村基本状况具有一定的相似性，都处于从前工业到工业的过渡时期，以血缘和地缘为纽带的单一社群关系正在被以生产关系为纽带的人际关系打破，以农业为主体的乡村产业正在被非农业和消费性产业替代，传统的手工艺文化正在被大工业生产文明侵蚀。20世纪初，欧洲知识分子以总体艺术为武器，试图将工业与前工业进行调和，试图用前工业的创作模式来进行工业化生产设计，这是社会结构、生产结构交替过程中的一种必然。

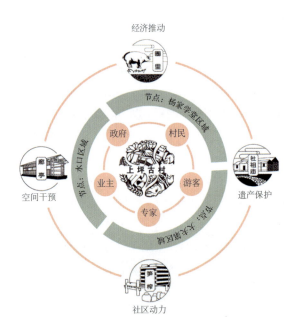

在上坪古村复兴计划中，建筑师运用了总体设计的思路进行工作（三文建筑提供）

中国的乡村也处于这个阶段，也面对着类似的问题。当然，今天的中国，情况又有所不同。乡村在经济、社会结构和文化等层面处于一个前工业，至少是前工业—工业时期的状态，而城市总体上又处于一个工业—后工业时期的状态。当我们借鉴总体艺术思维的时候，并不是简单地模仿欧洲百年前的工作方法，而更多的是思考如何打破大工业、大分工的专业壁垒，如何打破城市性设计模式的固化思维定式，将设计回归"面对总体生活，解决整体问题"的思路上去。

鉴于此，本书作者在2016年提出了"乡村弱建筑设计"（Vague Architectural Design in Rural Area）[26]的观点，主张打破基于大工业生产的现代主义建筑学的固有界限，将建筑学"回归"前工业文明的模糊和混沌属性，弱化建筑设计与其他专业和设计工作的界限，使之彼此融合，互相渗透[27]。具体到乡村建筑设计的工作方法上，作者主张构建一个集"产业策划—空间规划—建筑设计—室内设计—文创研发—导视系统—宣传推广—辅助经营"为一体的闭合的环，形成从产业（未来怎么用）为开始，以空间营造、产品设计、传播等为手段，以帮助运营方怎么用为结束，产业、空间、使用、传播全过程的一体化总体设计（Gesamt-Design）。

乡村活化五要素

围绕乡村建筑总体设计方法论，还需要可指导实际操作的具体手段。结合多年的乡村建筑实践，特别是针对通过"城乡一体化""一二三产业融合"和"农业文化旅游三位一体"来实现乡村振兴的村庄，本书作者提出了乡村活化五要素，即"有的玩""坐下来""住一晚""带着走""可以晒"，作为指导实操的具体手段。

---

26. 何崴：《乡村弱建筑设计》，《新建筑》2016 年第 4 期。
27. 何崴：《建筑及其设计在乡建中的作用和态度》，《风景园林》2018 年第 5 期。

"有的玩"

要实现城乡一体化发展，城市反哺乡村，并不是一件容易的事情。一种方式是吸引城市资本到乡村来投资，实现生产和就业，另一种方式是吸引城市人到乡村消费。对于前者，作者认为在中国当前发展阶段以及法律条件下，只有临近城市的、

有约300年历史的油车被安置在博物馆里面，既可以生产，又可以让游客参与体验（摄影：何崴）

交通便利的，或者已经形成开发规模的乡村才能吸引足够的投资；大部分欠发达地区、交通不便利地区的乡村想大量吸引城市投资是不现实的。这就导致在这些地区的乡村振兴中，大部分"城乡联动"来自城市人在乡村的消费，简单说就是"乡村旅游"。

村庄要成为旅游目的地，要吸引外来人群必须有一个"召集"的理由。为何要来，为何而来。有些村庄先天具备这样的条件，如"历史文化名村""传统村落"等，村庄本身就具有鲜明的文化和历史特征，已经具备了"有的玩"的条件。针对此类村庄，建筑师要做的是尽力保持和加强村庄原有的特征，不要破坏。另一类村庄是先天条件不足，需要通过"打造"来提升，要靠后天强化，形成"有的玩"。对此，建筑师要对村庄特征进行深入解读，抓住重点，营造"玩"的主题和内容。

河南省信阳市新县西河村就属于后者。西河村原本只是新县周河乡一个不起眼的小村庄，常住人口不足 100 人，基础条件薄弱；村中虽然有一定的古建筑资源，但特征性不足。设计团队进入后首先要解决的就是为村庄寻找一个独特的点，将村庄变为"旅游目的地"。最终由清华大学罗德胤老师领导的团队对整个村进行统一的规划，并对古民居部分进行了保护和发展性建设，整理了河道景观，使西河村的风貌得到了大幅的提升。在此基础上，作者的团队改造了村落中一座建于1958 年的粮库——西河粮油交易所，将之改造为包含微型博物馆、村民活动中心、特色餐厅和特色农产品售卖的综合性公共服务空间。在博物馆中，建筑师还特意安置了一架油车，供到访者参与榨油。项目于 2014 年 8 月完成，可观、可玩、可餐、可购的特点很快吸引了社会和媒体的关注，也随之带来了大量的游客，为乡村确立了新的产业业态。

"坐下来"

顾名思义，是为人群提供坐下来休憩的空间。对于很多具有传统文化资源的旧村落来说，经常会遇到如下情况：游客在游览完村庄后，不会在村庄中停留，甚至不会在村庄中进行任何消费。人群匆匆而来，匆匆而去。这种"过境式"的旅游，对村庄的伤害是很大的。没有消费，农民就无法从旅游资源（往往是传统建筑、传统村落）中获得收益，没有收益不仅会让农民对原有资源产生怀疑，也会进一步加剧当地人对原有资源保护的漠视，甚至是会出现对其进行破坏的情况。所以，如何让人群从快速移动的情况慢下来，延长人在村庄中的停留时间就变得尤为重要。这类似于城市中的消费空间，人在空间中停留时间越长，产生消费的可能性就越大。此外，村落中传统的公共空间，如祠堂、戏台等并不适合当代的乡村消费行为和乡村年轻人群体的休闲生活需要。多创造可以坐下来的公共空间，也有利于重建乡村的新公共生活。

上坪村水口区域，彩云间水吧由杂物间改造而成，解决了"坐下来"的诉求（摄影：金伟琦）

在福建省建宁县上坪古村复兴计划中，建筑师最主要的任务就是解决"坐下来"的问题。上坪村是中国传统村落，村落历史悠久，文化底蕴深厚；但和大多数传统村落情况类似，上坪村也面临"有的看，无停留，有客人，没消费"的尴尬局面。针对这个突出矛盾，建筑师将村庄中的多个小型废弃农业生产设施，如猪圈、牛棚、杂物间、闲置粮仓等利用起来，加以改造，并植入新的功能业态，如酒吧、咖啡厅、茶室、书吧等，形成散点式的公共服务设施，解决"坐下来"的问题。这样的处理，在不破坏原有村庄肌理的情况下，创造了公共空间和消费空间，为注入新的产业提供了物理容器。

"住一晚"

要加强外来人群和村庄的黏合度，提高乡村消费的总量，如果能让游客住下来，是一个非常有效的办法。此外，如果无法提供住宿，乡村旅游也会受到很大的限制，如与城市距离较远的乡村将很难吸引到客人。

要吸引人住在村庄里，提供舒适的民宿是必须的。民宿不同于酒店，它更容易拉近外来者和本地人的距离，形成一种客人与主人的亲密关系。民宿的设计，除了干净的房间、安静的环境、轻松的气氛等不同于城市酒店的内容外，主题性也是当下建筑师和民宿主人必须要考虑的。建筑师要根据场地和原建筑（如果是改造）的特点以及民宿品牌的定位，设计出或贴近乡村，或与众不同、或新旧对比、或富于戏剧性的居住产品。没有特征的民宿是无法满足现代人"住一晚"的需求的，因为现在乡村的"住一晚"不仅仅是"身有所居"的问题，而是要"神有所居"。

在设计民宿之余，还应该考虑人在夜晚的休闲活动，毕竟城市人来到乡村很难做到"日落而息"。在山西省沁源县韩洪沟老村项目中，大槐树下的小剧场和军械库咖啡厅（Arsenal Café）的设置都在一定程度上满足了民宿住户夜晚的文化休闲活动诉求，从而增加游客住在村庄中的可能性。

1 | |
--- | --- | ---
2 | 3 | 4

1.婺源虹关村留耕堂,一个由百年徽州老宅改
造而成的,以徽墨文化为主题的民宿(摄影:
方立明)

2.山西省沁源县韩洪沟老村中的军械库咖啡厅,
为乡村夜晚提供了休闲的场所(摄影:金伟琦)

另外，设计师还可以帮助策划一些必须在清晨进行的活动，来诱导游客提前住下来。例如在上坪古村复兴计划中，设计师根据村庄现有农业产品，策划了围绕"笋"的一系列活动。挖笋必须在清晨进行，因此要体验就必然要提前一晚住在村庄中，晚上可以由当地人讲授挖笋的技巧和相关的小常识，第二天早晨带客人去体验，中午将自己挖的笋作为午饭食用，午后再演示如何制作笋干，最后将往年制作的笋干销售给客人。通过这一系列活动，自然而然地起到了留住客人的目的，同时又形成了新的消费。

"带着走"

带什么走？带走的是与旅游相关的文创产品，按照原来的称呼是"旅游纪念品"，在台湾地区将之称作"伴手礼"。无论是叫作"旅游纪念品"还是"伴手礼"，文创产品都是当今乡村振兴中的重要一环。本书作者甚至认为它在某种意义上讲，比空间环境的改造更为重要，因为它是连接纯粹旅游和传统农业、新农业、手工艺、非遗文化等一系列内容的桥梁，是拉长产业链真正形成产业振兴、文化振兴等的重要途径。

3. 设计师为上坪村农产品设计的新包装（三文建筑提供）

4. 以朱熹题字为原型的文创产品（三文建筑提供）

当今乡村的旅游经常被部分学者批评的原因是乡村越来越不像乡村，逐渐变为以消费为导向的景区，越来越"迪士尼化"（Disneyization）[28]。乡建的服务对象也更趋近于外来的游客，而不是本地人。乡村一旦开始做旅游，就容易陷入"赚快钱"的轨道，门票、餐饮、住宿都属于这类快钱的行列。于是一部分农民先富起来，而另一部分农民则置身事外，时间长了自然会产生矛盾。作者认为如果处理好"带着走"的命题，是可以减缓此类矛盾的。

乡村的旅游纪念品不应该是简单的"义乌小商品"[29]，而应该具有乡村的特性，应该从"在地"出发，挖掘原生的资源，加以当代性"再设计"（Redesign），形成具有现代性和附加值的乡村文创产品。它的种类可以既包含农产品，也包含非遗及手工艺产品。通过乡村文创产品，乡村旅游产业链会被延长，传统农业会因此受益，有可能升级为精耕农业、观光农业、创意农业，传统文化也可以被保护和发扬，是一举多得的好事。在上坪古村复兴计划中，设计团队就对村庄现有的农业、历史文化资源进行了梳理，并从中摘选了莲子和笋干作为农产品伴手礼。通过对其包装进行重新设计，提升了产品的附加值。在历史文化内容的挖掘上，则根据村庄保留的历史文化传承和传说，开发了以"杨"姓为主题的一系列文创产品，以朱熹留下的对联"读圣贤书，立修齐志"为原型的文具用品，包括书签、便签贴等。

"可以晒"

"可以晒"，"晒"什么？这里的"晒"当然不是晒太阳，而是"晒图"。进入21世纪，特别是进入移动互联时代，电子媒介对于人类生活的影响变得极为巨大，甚至是决定性的。日常生活中经常会出现"吃饭前要拍照，发朋友圈，等待点赞"的

28. "迪士尼化"（Disneyization）是西方城市理论概念，指在西方20世纪中叶之后，于城市中越来越明显的以虚假场景代替真实空间的空间消费主义现象。
29. 义乌是中国浙江的县级市，以生产廉价小商品闻名。这里指廉价、质量低劣、缺乏创意的旅游纪念品。

$\dfrac{1}{2}$

1.上坪村彩云间水吧和烤烟房（摄影：金伟琦）

2.松阳平田村爷爷家青年旅社项目室内，新旧空间和材料的对比，形成视觉识别性和传播性（摄影：何崴）

现象，其逻辑是：如果不在网络空间中"证明"吃饭的事实"存在"，物理真实世界中的"事实"吃饭行为就"不存在"。周宪和许钧在《文化和传播译丛》总序中这样说："电子媒介导致了一系列新的现象。首先，它加速了全球化和本土化的进程。通过时一空分离或时一空凝缩，'地球村'应运而生……媒介文化把传播和文化凝聚成一个动力学过程，将每一个人裹挟其中。于是，媒介文化变成我们当代日常生活的仪式和景观。这就是我们所面临的现实的文化情境，显然，我们对它知之甚少。"[30]清华大学周榕教授也提出"硅基空间中正在孕育生成的硅基文明"正在"对碳基空间作为资源和社会组织核心的传统优势地位形成挑战"[31]的观点。

面对新的情况，建筑设计该躲避，还是迎上去拥抱？作者认为应该是后者！建筑不应为媒介文化而生，但要了解媒介的规则，并利用规则服务建筑及其使用者。在乡建领域中，大部分乡村都处于半封闭状态，乡村的落后往往来自信息的不畅通，外界不了解乡村发生了什么，乡村也不知道世界是什么样子的。但随着传播媒介、大数据和便携式移动设备的爆炸性发展，我们所在的世界已经完全地连接在一起，地理学的距离已经无法完全阻隔信息的交换及物质和人的交换。现在，通过一张照片、一条信息、一个地址，再偏远的地区都可以被快速发现、到达。而在信息传达的过程中，图像是最有力量的。所以，乡村建筑被"晒"是件好事，是可以帮助乡村获得资源和关注的手段。在2015年完成的松阳平田村爷爷家青年旅社项目中，建筑师大胆地使用了新材料——阳光板，作为建构室内的材料，它与原建筑的夯土墙形成了强烈的对比，创造了一种独特的图像语言，起到了很好的传播作用。在上坪古村复兴计划中，对村口烤烟房和杂物间的改造也遵循这个逻辑：没有"修旧如旧"，将新建筑与老建筑"混淆"，而是大胆地使用富于张力的表现手法，无论是多彩的窗板，还是由艺术装置产生的室内"彩虹"都满足了人群拍照和自拍欲望。物理空间得以在虚拟空间中传播，村庄的关注度得到了提升，城市与乡村之间的联系，在此被媒介文化的方式构建出来。[32]

---

30. 周宪、许钧：《文化和传播译丛》，商务印书馆，2000，第5页。
31. 周榕：《硅基文明挑战下的城市因应》，《时代建筑》2016年第4期。
32. 何崴：《浅谈乡村复兴的五要素》，《城市建筑》2018年第5期。

在乡建中，"有的玩""坐下来""住一晚""带着走""可以晒"直接关系到乡村的未来产业和业态经营，也涉及空间规划和建筑设计，还和文创产品与宣传推广有关。同时，它们也不是5项独立的工作，是彼此嵌套的。在考虑玩什么的时候，就必然要考虑吃住行游购娱的内容和空间；在设计和改造乡村建筑时，又需要考虑新建筑给谁用，怎么用；而在设计文创产品时，如何与乡村已有和未来产业结合，如何与建筑结合又是必然要涉及的问题。当然，还有"可以晒"，也就是宣传推广的工作，作者认为在乡建领域，这也是建筑师工作的一部分，在设计之初及过程中，就应该思考如何讲好故事，如何发挥建筑的灯塔作用，指引"远方"看到、来到乡村。

地域主义和乡土主义，作为一种方法

要讨论乡村的建筑问题，就绕不开关于地域的（Regional）和乡土的（Vernacular）讨论。因为，乡村是地域和乡土建筑最重要的土壤和呈现场地。

关于地域和全球化，乡土和现代性的讨论一直是 20 世纪建筑领域的核心话题之一。最早，地域主义是对国际风格（International Style）的一种反抗，不同的民族，不同地区的建筑不希望被现代主义统一，而失去其自身的地域和民族属性。于是一系列怀旧的建筑（Architecture of Nostalgia And Memory）被设计出来，希望借助传统的形式，唤起人们对民族性的浪漫主义回忆。在欧洲，这种怀旧的趋势也曾经和商业以及政治结合，形成了游览性地域主义（Tourist Regionalism）

和政治性地域主义（Political Regionalism）。到了 20 世纪 80 年代，西方学者开始对地域主义和全球化问题再次进行反思，他们普遍认为地域主义和全球普遍性之间并不是不可调和的矛盾，它们彼此之间存在着辩证关系。在批判国际风格的同时，也要对地域主义本身进行反思和批判。如美国著名建筑和城市理论家路易斯·芒福德就认为：不应该抛开"普遍性"的概念来理解"地域主义"，而要记得"地域"与在它之上的广阔"世界"之间，有不曾间断的接触和交流，因为地域主义最终的意义在于如何在一个包含着种种不同利益的世界中生存。亚历山大·楚尼斯（Alexander Tzonis）和夫人历史学家利亚纳·勒费夫尔（Liane Lefaivre）则基于康德（Kant）和法兰克福学派的"批判理论"，在 1981 年首次在建筑界提出了"批判的地域主义"（Critical Regionalism）理论。楚尼斯认为，"批判性地域主义"的任务就是以"地域"的概念对建筑进行反思……并希望在受益于普遍主义的前提下，保持建筑的多样性。[33]

乡土主义（Vernacularism）在国际建筑理论领域重新成为热点始于20世纪60年代。伯纳德·鲁道夫斯基（Bernard Rudolfsky）在纽约现代艺术博物馆（MoMA）举行了著名的展览"没有建筑师的建筑"（Architecture Without Architects），之后同名著作的出版引起了国际社会的巨大反响。保罗·奥立弗（Paul Oliver）主编的《房屋与社会》（Shelter and Society），《房屋、符号与象征》（Shelter, Sign and Symbol）等书也为乡土建筑奠定了理论基础。在这个时期，陆续有学者对乡土建筑进行论述，如苏哈·奥兹坎（Suha Ozkan）就认为乡土建筑的特色是建立在地区的气候、技术文化及与此相关联的象征意义的基础上的。他将乡土主义分为两种态度和趋向，第一种是保守式趋向（Conservative Attitude），第二种是意译式趋向（Interpretative Attitude）。虽然这两类乡土主义都给乡土建筑的形式及其空间带来了新的、现代的表现方法，但其对原有的技术和社会的态度是不同的。其中，意译式乡土主义也称为新

---

33. 亚历山大·楚尼斯、利亚纳·勒费夫尔：《批判性地域主义：全球化世界中的建筑及其特性》，王丙辰译，中国建筑工业出版社，2007。

乡土主义（Neo-Vernacularism）。它是赋予乡土建筑以新的、现代的功能，从而使其获得新的生命力的一种方法。[34]这种新乡土主义显然对于中国当下的乡村振兴是具有积极意义的，它有利于解决乡村传统风貌的继承与发展问题。

乡土主义对于乡土建筑的重要性还在于它对于平民性、自发性（Spontaneous）和匿名性（Anonymous）的关注，它认为这些平民自发创造的匿名建筑是一种不同于经典建筑史中宏大叙事的"小传统"（Little Tradition）。与宏大叙事的"大传统"建筑相比，"小传统"建筑在数量上更大，与民众的关系也更密切，更具现实意义。如波兰理论家阿姆斯·拉普普特（Amos Rapopport）就认为"乡土"的定义更趋近于法语的"大众建筑"（Architecture Populaire），而"住屋"即我们所谓的"传统民居"是乡土建筑的重要标本。因为传统民居既涵盖了乡土建筑的绝大部分类型，又能最清楚地显示建筑形式和生活形态之间的关联，是将住房、聚落、地景及仪式建筑的整个系统连贯到生活方式上的最佳途径。[35]这也就意味着，在研究和设计乡土建筑的时候，乡村原有的大量民居是建筑师必须要研究、学习、借鉴的对象，它们不是可有可无的背景，而是样本和基石。

研究地域主义和乡土主义的意义还在于它们和场所性的关系，场所性的营造，本身就是对国际风格（International Style）影响下建筑"失魅"（De-enchantment）的反抗。楚尼斯就认为，地域主义建筑是为了创造一种场所的建筑（Architecture of Place），使人们对其不感到孤独和陌生，同时地域主义努力创造一种有归属感的社区建筑（Architecture of Belonging, of Community）。在西方，关于建筑的地灵性（Genius Loci）的理论主要来自挪威人克里斯蒂安·诺伯-舒尔茨。他从海德格尔存在现象学（Existential-Phenomenology）的定居（Dwell）概念出发，认为建筑的核心意义在于"地点"而不是"空间"。诺伯-舒尔茨还提出了存在空间（Existential Space）的概念，

---

34. 单军：《建筑与城市的地区性——一种人居环境理念的地区建筑学研究》，中国建筑工业出版社，2010，第52～53页。
35. 同上书，第61页。

他认为存在空间并非一个数学逻辑的术语，而是包含介于人与其环境间的基本关系。存在空间总是体现为"场所"，而建筑意味着场所精神的形象化，建筑师的任务是创造有意的场所，帮助人定居。[36]对于建筑现象学（Phenomenology of Architecture）来讲，场所（Place）的意义是高于空间（Space）的，场所是空间及空间中的人和事件的综合；而空间又高于形式风格（Style），因为形式风格只是构成空间的一部分内容，空间的形成还包括尺度、材料、技术等。至此，我们可以得到这样一个结论，即常说的"传统风貌"并不是乡村建筑地域性和乡土性的全部内容，它只是地域性和乡土性的一部分外部显化。

地域建筑和乡土建筑形成既和地点有关，是特定地区自然、气候环境的必然结果；也和场所精神（Spirit of Place）有关，是特定时空内人群的技术手段、生活行为、信仰习俗等人文因素所形成的集体记忆的选择。因此，在讨论乡村建筑设计的时候，作者认为应该动态地看待地域性和乡土性，而不能将地域性和乡土性简单定格在某一个过去的时间点上。将特定历史时期的某种建筑形式，定义为该地区的地域建筑或乡土建筑的全部，只能模仿，不能改变是当代乡村建筑设计中很容易陷入的误区。对此，国内外学者早就有相关论述，如刘易斯·芒福德（Lewis Mumford）就拒绝新建筑对历史建筑进行完全仿造。他写道：

"这些前人使用过的形式，属于它们曾经的文明或是我们过去的时代，它们是那个时代生活结构中的一个组成部分，没有什么方法可以机械地复制它们或是令它们复活；以唯物的观点来看，我们可以复制这些先前的形式，因为它们愉悦了我们的双眼，但却没有意识到，没有了曾经生活的支撑，这些形式看起来多么的空洞。……如果有人在我们当今的时代试图复制过去某个时代的建筑形式，那么这个建筑的所有特征都将表现出它只不过是个赝品而已。建筑师越是掩藏，这个事实就越是彰显……这一点反映在所有艺术上，就是过去不能复制，只能在精神上

————————

36. 诺伯－舒尔茨·克里斯蒂安：《场所精神：迈向建筑现象学》，施植明译，华中科技大学出版社，2012，第3～4页。

体现。我们不能在其他人的生活中生活，除非这是一场化装舞会……我们的任务不是仿效过去，而是理解过去，这样我们才能以同样的具有创造性的精神，来面对我们当前时代的新的机遇。"[37]

浙江大学王竹教授也认为"今天的地域建筑就不应该是'马头墙们''大屋顶们''传统技艺们'……的光大。传统建筑没有必要现代起来，去干预现代的建筑实践。否则，只能是既断送了地域建筑的内涵，又扭曲了传统建筑的原则。"[38]

既然不能模仿和简单复制传统建筑，那应该怎么做呢？本书作者认为可以从中国哲学和美学中吸取经验。在中国古代画论中，一直都有对"形"和"真"的论述，五代时期荆浩在《笔法记》中提出了山水画的"六要"，即气、韵、思、景、笔、墨，其核心是强调要在"形似"的基础上表达出自然对象的生命，提出了"似"和"真"的关系问题。荆浩认为"似者，得其形，遗其气，真者，气质俱盛。"如果将这种思想推演到建筑领域，同样是可行的。"气""韵"是建筑的灵魂，是建筑内在的"神"；"思"是逻辑，是建筑之所以如此的原因；"景"是建筑与环境的关系，总体形态的呈现；"笔""墨"是建筑设计和建造的具体手法和方式。如果只是"形似"，空得传统建筑的外形，就会失去传统建筑的生命，只是一个"空壳子"，只有求"真"才能"气""韵"俱盛。

何为"真"？"真"是理性地看待传统与当代，理性地看待地域和世界，对待传统和地域，要尊重，要继承和发扬，但不是盲从，更不是虚假地"扮老"；对待当代和世界，要以一种谨慎开放的态度，学习先进的知识和技术，不要"谈新色变"，要敢于面对人民日益增加的美好生活需要，而对乡村进行自我改变和完善。中国是一个历史悠久的文明古国，但同时也是一个与时俱进的现代国家。具体到中国乡村建筑设计中的地域性和乡土性问题上，作者认为求"真"可以从"与外部世界的关系""与自身历史和传统的关系""与所处环境（自然环境、技术储备）和生活诉

---

37. 亚历山大·楚尼斯、利亚纳·勒费夫尔：《批判性地域主义：全球化世界中的建筑及其特性》，王丙辰译，中国建筑工业出版社，2007。
38. 内容摘自王竹 2019 年 11 月 9 日的演讲《地区建筑学诠释》讲稿。

求的关系"3个层面来解释。

第一，21世纪，乡村和城市虽然是相对的概念，但在现实空间和虚拟空间都是联通的，乡村不是一个孤立的、封闭的地域。乡村的地域性与外部世界的普遍性之间存在联系，甚至有互换的可能性。当今世界已经不是单中心的世界，中心一边缘的结构已经被去中心化、网络结构替代，因此，在讨论"去中心化"的同时，"去边缘化"也是要关注的问题。"地域"不应该是一个独立于"世界"之外的"飞地"。在保持地域特色的同时，要睁开眼睛观察世界，要张开双臂拥抱新的观念、技术和方法，要迈开脚步走出地域，进入世界，和世界对话。地域性和普遍性是可以共存的。

第二，乡村是一个"活态"整体，它也有其"生老病死"的演进。传统并不是永恒不变的，它也是从新事物中演变而成的，也是从个案创新到集体记忆的。不同的时期，地域传统、乡土传统是不同的，它们的形成和当时社会的生产、生活有关。正如中国古代建筑风格的变更一样，秦汉、唐宋，直至明清，每个时代都既有传承，更有创新。要理性地看待文化，在尊重文化的同时，也要知道推动世界向前发展的除了文化，更是文明。要理性地对待传统，并有勇气创造属于我们这个时代的"新传统"（New Tradition）。

第三，乡土不等同于"老"或"土"（低技术，Low-Tech）。作为一种与大地紧密关联的居住方式，乡土建造必然是来源于实际需要、自然物理与材料环境。因此，讨论乡村的乡土性需要关注两方面内容：一是乡村所在区域的气候、环境等因素所表征的自然秩序，也就是中国人说的"天地"；另一个是乡村生活本身的秩序，也就是"人"。地域的自然秩序和生活秩序决定了乡村建筑的形式、材料、技术、空间布局等物理层面的内容，也决定了乡村建筑的气氛、归属感等精神层面的内容。在历史上，因为交通的阻隔，技术和成本的限制，以及人对地域神灵的朴素信仰等因素，乡土建造往往是就地取材的，形式和技术上也符合当代意义的可持续观念。但随着时代的发展，世界已经变为了"地球村"（Global Village），地理的阻隔已经很难限制城乡交流，新技术、新材料的不断涌现，都使乡土性需要被重新定义。乡土性不是刻意为之，也不是不合时宜地矫揉造作，它是对此时、此地、此事的理性回应。

"相—断—变—合"四步骤

在上文中，作者阐述了自己对于乡村建筑地域性、乡土性的观点。地域性和乡土性具有空间性、时间性，也和技术条件、生活方式有关，它们会随时空关系的改变，人文技术的改变而改变。因此，"不变"是相对的，"变"是绝对的。

作为地域性和乡土性的外在显化，建筑空间和形式的"变"与"不变"是最容易被关注的问题，也是当前中国乡村建筑项目中最容易产生矛盾的问题。反之，乡村建筑的地域和乡土价值，也要通过建筑形式和空间的"变"与"不变"来体现。在处理这个实际问题的时候，作者根据多年乡村实践，总结了"相—断—变—合"四步骤的工作方法。下面，就以山东省威海市张村镇王家疃村的项目（简称王家疃项目）为例，阐述"相—断—变—合"四步骤是如何运行和发挥作用的。

"相"，在中国字里有"查看"之意。在古代堪舆学中有相师、相地、相宅等说法。可见，"相"这种行为对于建筑学来说至关重要。"相"也和现象学中的"直观""在场"的概念相通，是建筑师理解场地的重要方法。好的开始，是成功的一半；好的场地，也是设计成功的一半。在乡村设计中，很多时候，建筑师不是被动地接受指定的基地进行设计，而是一种主动选择的过程。作者一直认为，乡村建筑设计的魅力之一就在于这种主动观察、选择的过程中。建筑师重新回到相师的身份，以

$\frac{1}{2}$

1. "十二间房"主立面,保留原有建筑的
地域特色,适当加入新的元素,形成"老
中带新"的局面(摄影:金伟琦)
2. "十二间房"室内(摄影:金伟琦)

一种相对抽离的视角看待需要设计的客体，以及客体（乡村建筑）所在环境的真实属性。这不同于在城市中进行设计的方法，它有助于更为冷静、理性地思考设计的本质问题，从而更直接地提出问题和解决问题。

在王家瞳项目中，建筑师通过现场相地，最终选择了两栋建筑作为设计对象。一栋是村里原来的小学教室：村里人称它为"十二间房"。原建筑分为 3 个独立的部分，分别为六开间、三开间和三开间。建筑风貌完好，瓦顶，毛石砌筑的墙面，木门窗，具有典型的胶东地区 1980 年代民居风格。另一个建筑是一间约 100 平方米的普通民房：一层，1990 年代后由农民自发（Spontaneous）建造，最初为平顶，后因为风貌整治原因被加建了坡屋顶（坡屋顶下没有用途）。该建筑位于村口附近，位置公共性很强，它依溪流而建，挑出的外挂廊更是跨在水面上，整个建筑看上去轻松、飘逸，具有很强的识别度。因建筑整体为白色，建筑师称之为"小白房"。

在"相"之后的第二个步骤是"断"。"断"，既有判断之意，也可以理解为"断开""断点"。设计的灵感有时候就是来自一个"断点"。通过对工作对象的判断，找到切入点，选择对的介入工具，设计会变得不复杂。但如果找不到这个"断点"，或者判断失误，设计往往会陷入误区，或者"雾区"，走不出来，无法达到彼岸。"断"，就是找到设计的切入点，并给出设计总体策略。

在王家瞳项目中，面对两个不同时期建造的呈现不同地域性和乡土性的建筑，建筑师选择了不同的切入点，改造设计策略也完全不同。"十二间房"的切入点，来自对原建筑地域风格的批判性处理。首先，建筑地域特征明显，是胶东民居的典型范例，建筑师认为这些传统风貌也将是新建筑的财富，必须保留。其次，建筑师也认为，即使是具有很好地域性的建筑也不一定要完全定格在历史中，也应该允许它自我更迭。因此，改造策略被定义为在大部分保留原建筑地域风格的基础上，适度更新，形成"老中带新"的局面。

对"小白房"，切入点主要来自原建筑表现出的自发建造特征。作为一座普通的民居，它的建造者也就是主人，并没有建筑学的追求，支撑建造的理由来自朴实的居住需要，场地和当时技术的限制。建筑基地位于溪流旁边，为了获取更多的使用面积，建筑阳台被建造成跨在溪流之上，结果是给人轻松惬意的感觉。此外，建筑平顶和全白的外形也来自材料和工艺的逻辑以及村民对美的朴素追求。这种无心插柳的行为，却形成了两个有趣的结果：第一，建筑与周边传统建筑的关系形成了强烈的新旧对比，建筑风格的戏剧性冲突表露无遗；第二，自发建造偶得的"现代性"非常生动，且建筑与溪流的关系给人惊喜。针对这个"断点"，建筑师决定不去改变自发建造的"错误"，相反，更要加强建筑的"现代感"，使之在形式上与周边老建筑形成视觉上的反差。建筑与溪流的关系也被进一步加强，使建筑的漂浮、透明和轻盈感更明显，更具识别性。建筑师甚至希望用一种戏谑式的改造方式，来延续建筑的"自发的现代主义"（Spontaneous Modernism）特征——将新建筑变为"范斯沃斯住宅"（Farnsworth House）和"流水别墅"（Fallingwater）的混合体。

"变"，紧跟着"断"之后，是建筑设计的具体内容。建筑师需要决定如何变，变哪些，不变哪些？"十二间房"项目的改变首先来自功能：建筑师希望改造后的建筑成为村庄中一处文化设施，对应策划中的"国学亲子教育"业态。因此，在保留原建筑基本空间格局情况下，新建筑分为教室、展览区、阅读区 3 个部分。文化教育性的功能既能够唤起人们对原建筑——乡村小学的记忆，又能服务于乡村的新产业。建筑的第二个变化在于地域风格的悄然演进，如建筑的主入口被重新设计，克制性地加入现代的金属材料和雨棚、座椅等新元素。它们与原场地的高差，以及毛石砌筑的立面一起建构了一个半露天的空间，既给予建筑入口标志性，又通过新旧对比提示了两个独立的建造年代。又如室内的格局被重新规划，原建筑的木桁架和屋顶被保留，并部分暴露，新的吊顶为白色，与墙面材料一致，它只覆盖天花的一半，从而与老屋架一起形成新旧对比和明暗对比的效果。

$$\frac{1}{2}\frac{}{3}$$

1."小白房"的原貌，红色的屋顶不是最初的构建，是后来风貌整治加建的（摄影：何崴）

2.改造后的"小白房"，延续和加强了原建筑的"自发的现代主义"（Spontaneous Modernism）特征（摄影：金伟琦）

3.在"小白房"的施工过程中，利用原有出挑的阳台，插入5个玻璃盒子（摄影：何崴）

与"十二间房"相比，"小白房"的改造虽然更为大胆，但延续了原建筑"形式追随功能"（Form Follows the Function）的真实性表达。在功能定位上，新建筑将作为酒吧、咖啡厅来使用。建筑师希望借助建筑独特的地理位置，形成标志和公共关注，诱发公共聚集。在改造手法上，首先是做减法：清理、拆除原建筑加建部分，包含临时搭建的厨房部分及上一轮"乡村美化"中加建的屋顶，使建筑重回自发建造的原貌。然后是加法：建筑师通过加入新空间和新立面，有意地放大原建筑因自建所偶然形成的"现代性"特征。如朝向溪流的一侧，原建筑挑出的阳台被利用起来，4个独立的橱窗式"盒子"插入到阳台和挑檐之间的空间中，原建筑的牛腿梁被小心地保留、暴露，与新加入的盒子形成咬合，既满足了新的使用要求，又保留了乡村建筑中自发建造的魅力。

"合"是最后一个步骤。乡村的地域性、乡土性的魅力来自自发建造和匿名建造，来自长时间叠加形成的"大统一，小多元"，即总体呈现地域的一致性，但每个单体，每个时间段的细节又各不相同。"合"的步骤就是将新元素、新建筑叠加入原有场域（Field）中的行为。新元素和新建筑的加入不应该与旧有抵触，但也不应无原则地混为一谈。两者之间应该是对话关系，对话的方式也许是和谐共处，也许是激烈对撞，但彼此之间应该有种默契——共同保持乡村地域性和乡土性的传承。

在王家疃项目中，"十二间房"的处理方式相对柔和，改造手法看上去也比较中庸，不激烈，建筑的新与旧呈现一种有序的演进。"小白房"的处理则更为戏剧性，是对乡村自发建造的一种回应，也保证了乡村的多元性。作者认为，这种"多元共生，有界无限"正是乡村建筑地域性和乡土性的核心价值所在。在乡村中从事设计，建筑师不应该抹平不同，抹杀这种"自发混乱"气质，而应该学习之，继承之，发展之，将之变为设计的一部分。

1.建筑师为上坪村设计的购物亭，在谷仓原型基础上转译而成（摄影：周梦）

2.建宁地区传统谷仓，设计的原型（摄影：何崴）

"相—断—变—合"的方法不仅对改造有用，也适用于新建。在福建省建宁县上坪古村复兴计划中，建筑师就从地方传统谷仓的建构和使用方式中发现了可以借鉴的"切入点"。建宁地区的谷仓是建于室外的独立构筑物，全木结构，双坡顶有瓦覆盖。这种谷仓与民居分离，有利于集中防火。有趣的是，谷仓是可以移动的，它没有固定的基础，可以根据需要被搬动到村庄的不同位置。建筑师发现了地域建筑的这个亮点，并将这种建构和使用逻辑移植到新设计的购物亭上。新建筑在功能上虽与谷仓无关，但在形态上与谷仓呼应，在建构上同样没有固定的基础，而且可以根据使用需求在村庄中移动。"老瓶新酒"，但毫不违和。

总之，借助"相—断—变—合"四步骤，建筑师得以深入地发现、解读乡村图景中的地域性和乡土性，并以批判性的方式介入乡村图景，改变的同时，亦是尊重历史和欢迎未来。在四步骤中，"相"是基础，是所有工作的根本，没有对地域性的亲身体验和深入理解，后续的工作都会变为"无根之水"；"断"和"变"需要理性、勇气和方法，要敢于以批判的方式看待传统；"合"是前序步骤的总结，是收官，需要对"变"进行修正，将新与旧统合在一起。作为范例，王家疃项目中的两个建筑以及上坪村的购物亭面对的问题不同，处理手段也不一样，但它们都不是简单地复制乡土和地域，也不是草率地照搬别处的样式，而是从此地出发，用此时的建筑语言，回应此地的文脉（Context）和此时面对的问题。这种对待地域、乡土和传统的态度和方法，在本书作者的其他乡村建筑项目中也一直贯穿，是作者乡村建筑设计的重要组成部分。

公共艺术介入，作为一种方法

公共艺术（Public Art）的概念来自西方，它形成于20世纪60年代初的欧美国家，特别是美国。公共艺术的英文是Public Art，从字面意思上理解就是公众的艺术、大众的艺术。但其内涵不仅仅是字面上的含义，法国艺术理论家卡特琳·格鲁（Catherine Grout）认为，"公共艺术要结合两种能量：一为艺术，它是作品的上游精神，可以跨越任何界线，另一个，则是作为不相识的个体们集会与交流的公共空间。"[39]可见，公共艺术包含"艺术性"和"公共性"两方面的内容，公共艺术既是一种艺术，也是一种公共的艺术，是一种可以共享的、可参与的文化事业和文化活动[40]；它与私人艺术、传统宗教艺术、商业性大众消费艺术的不同之处在于，公众享有对公共空间中艺术的话语权，享有艺术创作的参与权、批评权和决策权[41]。作者认为，"艺术性"是公共艺术的基础，公共艺术毕竟是艺术在后现代语境下的一种状态；"公共性"是其核心，公共艺术必须发生在公共领域或公共空间中，且必须对公众开放，有公众的民主参与。

公共艺术对中国乡村的意义首先也体现在其"艺术性"特征上。在中国，乡村作为与城市对应的地理区域，具有更为广阔的面积，更多的人口以及更丰富的文化和艺术传统积淀。中国的很多传统艺术和文化都从乡村生发，也保留在乡村。与中国绝大部分城市已经"失魅"（De-enchantment）相比，中国乡村还保持了相对完整的中国传统，非物质文化遗产和原生性的艺术。而这些文化和艺术是中华民族精神寄托的重要载体，构成了我们的家园感与归属感[42]。因此，在讨论乡村问题时候，我们不可能只考虑乡村的经济、政治、技术和物理空间，而不关注乡村文化、艺术等问题。况且，建筑本身就是文化和艺术的一部分，抛开文化和艺术，建筑将失去其大部分意义。

其实，在建筑师下乡之前，中国已经有一批艺术家深入乡村，在乡村生活、创作，并以艺术的方式介入乡村生活，推进乡村的复兴。如著名艺术家渠岩在山

39. 卡特琳·格鲁：《艺术介入空间》，姚孟吟译，广西师范大学出版社，2005。
40. 李建盛：《公共艺术与城市文化》，北京大学出版社，2012，第52页。
41. 周成璐：《公共艺术的逻辑及其社会场域》，复旦大学出版社，2010，第3～4页。
42. 渠岩：《艺术乡建：许村重塑启示录》，东南大学出版社，2015，第1页。

$\dfrac{1}{2}$

1、2.胡泉纯教授在贵州雨补鲁村创作的公共艺术作品《地洞》（摄影：何崴）

西和顺县许村，左靖等人在安徽黄山市黟县碧山村的"艺术乡建"活动都早于近年来的"美丽乡村"主导的乡村建筑工作，并取得了非常显著的效果。这些"艺术乡建"往往以艺术家为主导，联合建筑师、文化修复者等不同人群，长时间地深入乡村，挖掘乡村原生艺术活力（包括人和传统艺术形式），并以一种当代艺术的模式加以放大，在激活乡村的同时，形成巨大的社会影响。渠岩在论述许村"艺术乡建"的时候，就写道："我们在这里所说的艺术实践，绝不是传统意义的视觉审美和个人趣味的游戏，而是社会学意义上的行动和措施，是广泛代表宗教、建筑、环境和新生活意义的统称。我们提出用当代艺术激活传统文化，用艺术推进村落复兴，是通过当代艺术元素的引入，促动乡村的活化，使乡村在现代社会中复活。……这种复活不仅意味着经济的复活，更是"重建人与人、人与自然、人与宇宙的共生关系"。[43]

近年来，伴随着乡村振兴战略的推进，又有更多的艺术家深入乡村，以"艺术介入乡村"的方式进行工作，如中央美术学院的吕品晶教授、胡泉纯教授等人在贵州兴义市雨补鲁村，靳勒等人在甘肃泰安县石节子村，人民大学陈炯教授等人在湖北孝感市孝昌县磨山村等地的艺术实践等。这些案例都利用艺术的手法，直观地带来了村落的视觉提升，有效挖掘了村落的潜在文化价值，继而转化为新型生产力并带来直接效益[44]。更值得乡村建筑设计借鉴的是：因为艺术的自由性、差异性和召集性[45]特点，这些艺术介入的乡村项目往往能打破乡村图景过于陈旧、刻板、缺乏活力的问题，比纯粹环境美化的乡村建设更具有"生命力"，也更符合年轻人（包括当地年轻村民和外来年轻人）对于当代生活的愿景，更容易引起共鸣。

公共艺术对于乡村建筑第二个层次的意义在于其"公共性"特征中的公众参与和民众决策机制。山西和顺县许村等案例在复活乡村文化之余，也极大地调动了

43. 渠岩：《艺术乡建：许村重塑启示录》，东南大学出版社，2015，第 5 页。
44. 陈炯：《乡建与艺术：美丽乡村建设》，浙江人民美术出版社，2017，第 2 页。
45. 艺术作品的召集性，是通过自身在公共空间的呈现，引发公众的聚集，形成由不同人组成的"事件共同体"。召集性是公共艺术实现自我建构的关键，它代表了公众对艺术品的一种反映。

农民的积极性，复活了乡村生活。它们反映了公共艺术理念中的一个核心问题——"作者—作品—观众"的关系。公共艺术是一个非常后现代主义（Post-Modernism）的概念,它受到一系列后现代主义哲学思想的直接影响，其中结构主义（Structuralism）及其美学思想，接受美学（Reception Aesthetic）思想对公共艺术的形成尤为重要。结构·主义对公共艺术的意义主要反映在，文本阅读中"批评家或读者的介入，并由此创造作品的意义"以及"作者的死亡"等观点上。如果将"批评家"也理解为一种特殊的读者，或者将读者理解为大众性的"批评家"，那我们就可以发现"批评家"和公共艺术理论中的"观众"是对等的概念；而介入式的解读则和公共艺术理论中"作者—作品—观众"的互动关系是共通的。接受美学的核心思想是"将作品视作为了对读者产生某种影响，而构思出来的东西，并以这种目的成功与否作为评价作品的标准"[46]，它明确表明审美主体——读者是艺术审美价值得以实现的唯一途径；并强调观众（在文学中就是读者）对艺术作品的审美过程不是一种线性的、被动接受关系，而是能动性的审美再创造过程。观众的主动参与以及创造性地对作品解读是作品审美价值得以完成的必经之路。[47]

本书作者认为公共艺术思想中"作者—作品—观众"的互动关系对中国当下乡村建筑设计具有重要的意义。长期以来，中国乡村和城市建筑设计都处于一个二元隔离的状态，乡村更趋近于自发建造，而城市则由开发商及其代言人——建筑师主导。这导致了建筑学（作品）越来越与民众（观众）脱节，越来越是建筑师（作者）的"自说自话"。学者王冬就认为，自从建筑学离开民间的自我建造而成为一项专属的技术行业后，就越来越趋向成为一种"高雅技艺"，其主流话语显然更关心"上层建筑"和"形式语言"，这已经基本定格为一种存在于中国建筑学界集体无意识中的价值观[48]。技术脱节的同时，建筑学脱离民众还反映在与使用者的脱节上——建筑师服务的对象不再是最终的使用者，而是中间商，建筑师关注的焦点

46. 黄鸣奋：《新媒体与西方数码艺术理论》，学林出版社，2009，第169页。
47. 何崴：《照明公共艺术化趋势影响下的城市公共空间研究》，博士学位论文，中央美术学院建筑学院，2013，第91～94页。
48. 王冬：《乡村社区营造与当下中国建筑学的改良》，《建筑学报》2012年第11期。

无外乎是好看的外观和更好地刺激（房地产）销售。

乡村与城市的情况是不同的！在乡村，土地所有权、建造权、设计权和使用权往往是合一的，这使乡村的建筑学更接近建筑的本质——抵御外力，保护使用者，提供满足使用的空间，并实现审美诉求和家园感，使人"定居"（Dwell）。

必须注意的是，在现代建筑师（也可能是其他外部力量）进入乡村，主导设计权之前，设计者和使用者之间的矛盾是不存在的，因为二者之间或是统一的，或是具有相近的意识和审美共识。但现代主义使建筑师、艺术家从服务于权力的附庸者身份中解放出来，成了独立创作者的同时，也使建筑师、艺术家逐渐变为一群服务"自我"的人。当服务"自我"的建筑师来到了中国乡村时，就很容易出现村民对建设参与度不高，对新建筑的接受度低的问题。村民作为审美主体和使用主体的地位被削弱，作品的公共性也就自然消失。所以，引入公共艺术理论中公众参与和民众决策的机制对于乡村建筑设计至关重要。同时，建筑师作为"作者"，要具有接受美学的意识，明确自身在创作中的作用，以及与"观众"之间的关系。"为谁而设计？"是从事乡村建筑设计的建筑师无法回避的问题。

当然，公众参与和民众决策不等于把创作的全部过程或者责任无条件地交给村民。无论是公共艺术还是引入公众参与的建筑设计都必须给人身心上的愉悦感或者刺激，必须具有审美的"卓异性"。所谓"卓异性"，也可解释为"陌生化"（Defamiliarization）[49]。"陌生化"是艺术创作和设计中非常重要的内容，它是一种重新唤起人对周围世界兴趣，不断更新人对世界感受的方法。它要求人们摆脱感受上的惯常化，突破实用目的，超越利害关系与偏见，以惊奇的眼光和诗意的感觉看待事物[50]。能够以"陌生化"的方法来重构外部环境，这本身就是建筑师

49."陌生化"概念，由俄国形式主义文学批判家维克多·什克洛夫斯基（Victor Schklovsky）在20世纪20年代提出，他认为："那种被称为艺术的东西之存在，正是为了换回人对生活的感受，使人感到事物，使石头更成为石头。艺术的目的是使你对事物的感觉如同你所见的事物那样，而不是如你所认知的那样；艺术的程序是事物的'陌生化'程序，是复杂化形式的程序，它增加了感受的难度和时延，既然艺术的接受过程是以自身为目的，它就理应延长；艺术是一种体验事物之创造的方式，而被创造物在艺术中已经无足轻重。"（方珊：《形式主义文论》，山东教育出版社，1999，第56页。）
50.单军：《建筑与城市的地区性：一种人居环境理念的地区建筑学研究》，中国建筑工业出版社，2010，第118页。

或者艺术家得以存在的前提。

在乡村的"陌生化"不同于个人创作，它一方面受到地域文化的制约，另一方面，需要让村民接受，因此必然是一种适度的"陌生化"。这涉及接受美学中的"期待视野"（Erwartungshorizont）和"审美距离"（Mental Distance in Aesthetic Activity）的问题。"康斯坦茨学派"的主将汉斯·罗伯特·姚斯（Hans Robert Jauss）认为，读者的阅读感受与自己"期待视野"一致，读者便感到作品缺乏新意和刺激力而索然无味，相反，作品超出"期待视野"，便感到振奋。姚斯把"期待视野"与新作品出现之间的不一致，描述为"审美距离"。当审美距离为零时，就无法获得审美感受；相反，当距离过大，"期待视野"对接受的指导作用趋近于零时，接受者则对作品漠然[51]。由此，可以得出一个结论，即"期待视野"和"审美距离"决定了作品在审美主体心理上的接受程度和艺术性程度。因此，作品能否成功的关键在于是否可以到达一个合适的"审美距离"[52]。乡村建筑的"审美距离"需要通过村民参与和选择，以及建筑师的主观创作两方面力量达到平衡来实现。此时，建筑师需要扮演"乡绅"的角色，一方面要了解地域文化和在地人群的审美，另一方面要将外面的新知识、新理念、新审美带入乡村，提升在地人群的眼界，从而创造新的地域文化。

混合设计（Hybird-Design）和"5∶3∶2"法则

建筑本来就是艺术的一部分，正如文艺复兴时期要想成为建筑师，设计教堂等重要公共建筑，首先必须是雕塑家一样，最早的建筑学学习也是在艺术学院里开设的。因此，重新将艺术观念放回到建筑设计中来，可以说是一种回归。当然，公共艺术又在艺术的基础上有所发展，它是一种后现代文明的产物，去中心性、去

---

51. 徐苏宁：《城市设计美学》，中国建筑工业出版社，2007，第 186 页。
52. 何威：《照明公共艺术化趋势影响下的城市公共空间研究》，博士学位论文，中央美术学院建筑学院，2013，第 111 ~ 115 页。

作者性，去物质形态性[53]都使公共艺术比前现代主义和现代主义时期艺术更具有公共性、平民性和事件性。在乡村建筑设计中导入公共艺术的观念，有助于建筑回归民众，脱离精英阶层"自说自话"的情况。

导入公共艺术观念的乡村建筑设计会呈现出一种边界模糊的状态。所谓边界，既指建筑学与其他学科的边界，也指设计、建造过程中决策者身份的边界。作者在2016年提出"乡村弱建筑设计"（Vague Architectural Design in Rural Area）的概念，其中"弱"不是无力、虚弱的意思，而是模糊的（Vague）概念，它与"清晰、明确"相对。Vague 与建筑设计（Architectural Design）组合在一起，作者希望传达一种混合杂交（Hybrid）的含义，即建筑设计与其他学科的交叉混杂，建筑师与在地人群在设计、建造过程中的交叉混杂。

建筑师廉毅锐设计的艺术媒体立面——锦鲤图（摄影：廉毅锐）

---

53. 公共艺术的形式不仅包括以物质形态为表达方式的艺术，如雕塑、装置等，也包括临时性的、不永久存在的事件、行为，甚至是更为观念性的文本性表达。

艺术可以和建筑一起形成"建筑 + 艺术装置"的混合体。这种混合体不是简单地将艺术品放入建筑空间，而是二者的组合，成为一种共生关系（Symbiosis）。艺术装置与建筑的结合可以发生在建筑外观上，如山西省沁源县琴泉村村委会的改造项目中，建筑师廉毅锐利用当地琴高真人及《琴高乘鲤图》[54]的传说，结合当代"锦鲤"文化[55]，创作的巨型锦鲤形象的艺术媒体立面（Media Façade）就很好地将艺术与建筑立面改造进行了结合。

艺术装置也可以发生在室内空间内，成为空间表现的一部分。如在上坪古村复兴计划（Shangping Village Regeneration）中，建筑师以水口区域的烤烟房为艺术介入的支点。建筑师变身为艺术家，结合建筑空间的改造，在建筑上完成了一件艺术作品——关于太阳光的装置。通过在屋顶上加设天窗，在天窗下安装艺术装置，太阳光被艺术化地"分解"为彩色光，进入室内空间，与烤烟房空间自身，空间内被保留的农业生产设施以及进入空间的人发生关系。建筑师，也是艺术家希望借助这个艺术装置，使烤烟房空间与农耕文明的紧密相关物——太阳，形成某种精神性的关联。装置产生的奇幻光色效果为朴实的空间提供了浪漫气氛，也带来了某种仪式性的场所感。借助"建筑 + 艺术装置"的共生体，乡村在获得鲜明视觉图景的同时，也帮助当地人找回乡土的神性。

艺术装置还可以和景观结合，成为公共空间的组成部分，如山西省沁源县韩洪沟老村大槐树下的场院项目。项目场地是一处位于大槐树下的院落。在韩洪沟老村，大槐树是具有地灵性的，昔日，村民聚集在大槐树下，互通有无，互相交流，这使此地成为村庄的精神之地。建筑师希望将艺术装置加入空间的设计，重现树冠下聚会的场景。一组伞状装置被设计出来，"伞帽"大小不一，彼此连接，形成由多个圆组成的不规则的"顶"，它覆盖了院落 1/4 的面积，并隐约呈围绕大槐树的半环抱状。伞状装置呈红色，与场地中的老窑洞形成强烈的视觉对比；一部分伞

---

54. 琴高真人相传是一位在沁源居住得道的仙人，在汉朝刘向《列仙传》记载的 71 位仙人中，位列第 26 位。真人有两项超乎常人之处：一是善弹琴，二是擅长养生之术。《琴高乘鲤图》，明代画家李在创作的绢本设色画，藏于上海博物馆。
55. 中国 2018 年出现的一种文化现象，主要活跃于 18 ~ 25 岁的年轻人群体，以锦鲤形象代表幸运。

$\frac{1}{2}$

1.上坪村烤烟房中的光装置，将阳光"分解"
为光和色（摄影：金伟琦）

2.烤烟房内的彩光效果（摄影：金伟琦）

帽更利用反光材料，形成具有戏剧性的"镜面"，人可以在装置下，抬头与自己的倒像对话，这样的处理进一步强化了装置的趣味性和互动性。装置与新建设的室外看台、老窑洞、大槐树一起，共同定义了空间新的场所性。

艺术和建筑、乡村的混合，还可以形成"建筑 + 文创"的模式。近年来，文化创意为旅游品牌的塑造提供了一个全新的视角。文化资源通过创意转化、展示和演绎，能够以独特的文化元素、文化符号注入旅游产业[56]。乡村文旅中的文创产品也越来越重要，作者认为它不仅可以助推乡村旅游的发展，更重要的是拉长产业链，促进传统农业的升级；此外通过乡村文创产品，传统技艺能得以保留，也可增强村民对于本土的认同感和归属感。建筑作为乡村文化的重要载体，和乡村文创可以有紧密的联系。在上坪古村复兴计划中，作者尝试将建筑与文创协同设计，取得了显著的效果。借鉴世博会护照和各国馆图章的思路，设计师结合村庄重要建筑的空间分布，以新老建筑形态为原型，设计了一套建筑图章。以图章为线索，引导游客在村庄中的流线，延长游览时间，增加游客和乡村建筑之间的趣味性和黏合度。建筑既是文创产品的原型和表现对象，又是围绕文创形成的行为的空间载体，两者关系互为因果。

公共艺术观念介入建筑设计还反映在当地人在设计和建造过程中的话语权上。今天建筑学所面对的"新农村建设"绝不仅仅只是一种"物"的建设和线性的经济发展，其所面对的是一个全新的社会改造运动，是一种社会组织及文化系统的再造……是社会改造意义上的"乡村社区营造"[57]。既然是乡村社区营造，作为乡村主体性的村民就变得非常重要。建筑师需要了解他们的诉求，尊重他们的选择，允许自己的设计被改变。

在乡村，作者还特别强调地方工匠的话语权和作用，因为他们是地域传统工艺的

---

56. 王慧敏：《以文化创意推动旅游产业转型升级》，《旅游学刊》2015 年第 1 期。
57. 王冬：《乡村社区营造与当下中国建筑学的改良》，《建筑学报》2012 年第 11 期。

$\dfrac{1}{2}$

1.山西省沁源县韩洪沟老村大槐树下的场院项目中的艺术装置（摄影：金伟琦）

2.设计团队为上坪村重要建筑进行命名，并根据建筑的特征设计图章（三文建筑提供）

传承者，熟悉地方材料、地方工艺、地方习惯，他们是建筑师与村民之间很好的润滑剂。很多时候，公共艺术观念中的公众参与和决策是通过工匠的参与和选择实现的。因此，作者主张建筑师要和工匠之间保持一种良性的交流关系，彼此尊重。在设计和建造过程中，建筑师要充分听取工匠的意见，甚至要放手将一定的设计权交给工匠，由他们代表乡村的主体完善设计。要实现这种放权，除了建筑师与工匠彼此讨论外，作者还提出了一种刻意将施工图不绘制完整的"模糊设计"（Vaguer Design）方法。

与城市建设比较，作者认为乡村建筑不应该过分依赖施工图，或者说可以"没有"施工图。施工图存在的意义在于它是设计者与建造者之间的对话工具，是保证设计者的意图得以 100% 执行的技术保障。这在以大工业为基础的城市建设中是非常有效的，也几乎是唯一的解决办法，因为在城市中土地所有者、设计者、建造者、使用者都是分离的，他们往往不在同一个时空中存在，所以一个大家共同认可的图纸体系就变得非常重要，它是多方信息传递的工具。

在乡村中，这种情况有所不同，起码在没有进行大规模乡建的时期，设计者和建造者往往是合一的，或者是相互紧密联系的；而土地所有者和使用者又基本是统一的。这就意味着施工图并不是不可替代的，很多情况下，面对面的语言沟通、肢体示范，或者一起工作可以将施工图的作用替代。另外，农村项目的建造者一般由当地工匠组成，他们往往看不懂施工图，或者看得似懂非懂，因此过于依赖施工图指导施工，会出现很多效果不理想的情况[58]。而过分细致、严苛的施工图更会抹杀建造过程中当地工匠的"创造力"，使建筑刻板，缺乏乡土的灵动。同时，城市施工图过于固定的设计思维方式，也会阻断建筑师与当地人之间的互动，妨碍建立建筑师与当地人之间双向的沟通和学习。建筑师如果仅从个人理解出发设计乡村，最终完成的建筑经常不像乡村建筑，太过僵硬，缺少了乡村民间

---

58. 何崴：《身份的现隐：建筑师在乡村建设中的角色扮演》，《住区》2015 年第 5 期。

建筑的随意性和质朴、纯真感，而这些特性正是传统乡村最吸引人的地方。

基于此，作者提出了"模糊设计"方法，即不过于强调施工图的存在，刻意在施工的细节上"缺失"具体做法，给当地工匠留出相应的自由发挥空间。对于模糊和放权的比例，作者主张按照"5：3：2"的比例关系来进行，即50%根据图纸，30%建筑师现场调整，20%留给工匠自由发挥。在西河粮油博物馆及村民活动中心项目中，新建的餐厅西侧山墙正是在这种指导思想下完成的。完成后的效果与建筑师的图纸七分相似，三分不同，其中砖的构造作法，梁的尺寸和布置方式，工匠张思齐都做了自由发挥。而正是这种自由发挥，才是最让建筑师兴奋的，因为它是鲜活的、自由的、直接的，带着民间的纯真和智慧。[59]

1 | 2

1.工匠张思齐，他为此建筑带来乡土性和自发性（摄影：何崴）
2.西河粮油博物馆及村民活动中心项目特色餐厅的山墙面，由建筑师与工匠共同完成（摄影：何崴）

---

59. 何崴：《乡村弱建筑设计》，《新建筑》2016 年第 4 期。

建筑师在乡村中的身份和态度

从事乡村建筑实践和研究的几类人

党的十八大以来，随着"美丽乡村""传统村落保护与发展""特色小镇""田园综合体"等一系列围绕乡村振兴战略的乡村政策的出台，乡村再次进入中国建筑学的主视野。与此同时，国际建筑领域也开始关注与城市相对的乡村问题。荷兰著名建筑理论家雷姆·库哈斯（Rem Koolhaas）在2020年2月纽约古根海姆美术馆策展"乡村，未来"（Countryside, The Future）[60]的展览，讨论全球非城市区域的现状和发展趋势。库哈斯认为"乡村"是建设未来的地方（Countryside is Where the Future is Being Built）[61]。哈佛大学设计研究生院（Harvard University Graduate School of Design）等教学研究机构，也开始对中国的乡村话题进行深入讨论。

在中国，从事乡村建筑研究和实践的人都包括哪些群体呢？作者认为大致可以分为如下几类人群。

高校和研究机构学者：对乡村的研究在高校或研究机构中从来没有中断过。这些机构中的学者一直保持着对乡村的关注，他们的研究主要通过各类科研项目，以及与乡村有关的教学活动展开。对于建筑学领域来说，关于乡村地域性和乡土性的研究是重点，它们主要通过田野调查的方式开展，集中讨论关于乡村传统建筑的聚落、建筑风格、建造技艺、乡土材料等领域的问题。此外，乡村社会学、人类学以及美学的内容，也和乡村建筑学领域的研究有大量的交集，研究成果呈现互补的关系。在"新乡建"阶段[62]，此类人群原有的研究和教学工作并没有本质性的改变，他们的研究成果仍然是乡村研究中最主要组成部分，也是最具学术价值的部分。对于学者（特别是建筑学领域的学者）来说，改变主要来自实践项目的增加。随着国家对乡村问题的重视，多地乡村都在寻求实质性的改变，学者作为最先接触乡村，研究乡村的专家，具有一定的先发优势。在实际情况中，也的确是如此，大量的乡村领域学者开始在教学、研究之余，进行实践工作。作者认

---

60. 展览中的 Countryside 一词不是狭义的"乡村"，指所有非城市区域。
61. 此观点为库哈斯接受英国卫报采访时提出的。
62. 这里主要指党的"十八大"以后。

为，这种产学研一体的模式，对于乡村建筑设计是有利的。

其他行业的跨界者：跨界人群是最早从事乡村建设的人群之一，特别是艺术家，很多在多年前已经扎根乡村，或在乡村"安家"进行创作，或以艺术介入的方式从事乡村建设工作。在这个过程中，必然涉及乡村建筑的设计和建造。在建筑师还未下乡之前，很多设计和建造是由这些跨界者自行完成的，因此也算是一种"没有'建筑师'的建筑"（Architecture Without 'Architects'）。此外，跨界者因为原来从业领域不同，所以也更容易走出学院派建筑学的桎梏，在从事乡村建筑工作的同时，也注重"建筑之外"的内容，如土地改良、内置金融、乡村内生动力的挖掘等。此类人群的工作，对建筑学领域有启发意义，值得建筑师仔细研究和借鉴。

自建者：乡村自建者是近年快速发展起来的人群，主要包括农庄或民宿主人、下乡文青、返乡创业者、别业主人等。这类人群不同于建筑师作为"乙方"的角色，也不是传统意义的"甲方"委托者。他们类似于中国传统乡村人群结构中的"乡绅"。他们中的一部分人本身就是本地人，他们是返回自己的家乡，并带着知识和资本；另一类人并不是本地人，来自异地，他们看中了此地乡村的资源，通过投资的方式进入乡村。很多情况下，这类"新乡绅"既是使用者也是设计者，甚至是建造者。他们的建筑实践并不追求学院派的严谨，设计和建造往往跟随个人的喜好，比较随心所欲，这类似于中国古代文人自造别业的状态。当然，这类实践行为因为和个人的知识、审美关系很大，所以质量差距也很大。

大设计院建筑师：一直以来，大设计院的建筑师都是中国建筑设计人群的主力军，特别是在城市性建筑项目中，几乎所有的大型项目都来自大设计院之手。大设计院的优势非常明显，大团队、专业齐全、职业化……但在乡村建筑设计中，大设计院的优势很多时候会变为劣势。乡村建筑体量小，综合性强，产权复杂，缺乏大工业体系支撑等现实情况会让大设计院的建筑师很不适应。习惯了大城市"生产型"建筑设计的大设计院一下子进入到不熟悉的乡村，往往会将城市建筑设计的思维定式带入乡村。于是近年来出现了不少"小区化"的乡村建设项目："大轴线""功能分区"等城市建筑属性被生硬地移植到乡村，新建筑"整洁""好看"，但不适用，更缺乏了乡村聚落该有的气质，是一种"建设性"破坏，必须警惕。

独立建筑师：作为与大设计院建筑师相对的群体，独立建筑师的项目一般都规模不大，但要求有较高的创意，设计的建筑也具有较明显的个人作品性。近年来，随着中国经济的转型，乡村项目快速增长，比较有社会影响力的作品也呈现"井喷"的趋势，这与独立建筑师的乡村建筑实践有很大关系。当前，很多乡村建筑项目的设计资质准入门槛较低，甚至不需要资质，这使独立建筑师得以有机会在乡村进行建筑实践；此外，乡村项目规模小，周期长，交通成本高等特点也阻碍了大设计院在乡村的创作。作者认为，独立建筑师在乡村的作用也具有一定的"新乡绅"属性，他们一方面对乡村建筑传统进行整理、总结，另一方面他们又以专业建筑师的身份将当代性建筑观念、技术等元素带入乡村，与乡村的文化地景（Cultural Landscape）相结合，创造新的文化传统。

建筑师在乡村中的 10 种身份及态度

在乡村，建筑师应该以一种什么样的身份出现？又应该以何种态度来对待乡村的建筑设计？作者认为这些直接决定了最终建筑呈现的状态，以及建筑对乡村的作用。

在现代主义思想中，建筑师是精英阶层的一部分，他们扮演着"仅次于上帝的神"（Architectus Secundus Deus）[63]的角色。建筑师的意识在设计过程中和最终的呈现中起着决定性的作用，甚至是不容置疑的。正如密斯·凡·德·罗（Mies Van der Rohe）的作品，家具的位置都是固定的，不容更改。这种模式一直影响至今，虽然也有很多西方学者主张建筑师应该从英雄变为公民（from Architect Hero to Architect Citizen），但在大量的城市公共建筑设计中，建筑师与使用者，建筑师与建造者之间的关系仍然基本保持着单向的"师生"关系：建筑基本由建筑师来决定，他扮演着导师的角色。使用者在获得建筑的使用权后，可以更改建筑师的意志，但很多情况下是一种局部的、被迫为之的状态；而建造者在整个进程中就更只是执行者的角色，他们必须不折不扣地执行建筑师的要求，按照图纸施工。

在乡村建设中，这种简单的、单向的"师生"关系应该改变！这种改变的原因首先来自城乡生活的差异性，建筑师构建的建筑和生活不一定是农民喜欢的、适用的。因为中国大部分建筑师所受的教育来自西方建筑学体系，是以城市生活为主要研究和服务对象的。这些西方的、城市性的思维与中国乡村之间存在着差异，如果简单套用，会出现"张冠李戴"的现象。在中国近15年的很多乡村案例中都可以看到照搬城市规划、设计思路的所谓"新农村"项目。它的结果是：同行骂，村民也骂，既丢失了乡村的本色，也不实用。所以，建筑师应该放下身段，虚心听取村民——真正的使用者的声音。其二，因为乡村建设和城市基于大工业的建设不同，它主要依靠手工、相对简单的技术来完成，所以很多建筑师的设计往往不

---

63. 维特鲁维（Vitruvius）在《建筑十书》（*The Ten Books on Architecture*）中说："上帝是世界的建筑师，建筑师是仅次于上帝的神。"（Deus Architectus Mundi, Architectus Secundus Deus.）

接地气，或者说不能在简陋的乡村环境中实施。这表明习惯了城市建造体系的建筑师在乡村并不是万能的神，他们应该向工匠，也就是乡村建造者学习，互为师生。[64]

2018年，在北京举行的"国际美术教育大会建筑论坛"上，日本著名建筑师矶崎新（Arata Isozaki）阐述了关于建筑师的"3个身份"的观点，可以给我们一些启发。矶崎新认为建筑师应该具备艺术家（Architect as Artist）、工程师（Architect as Engineer）和战略家/策划者（Architect as Strategist）的3种身份。建筑师既需要理性的、逻辑的、全局性的思考，也需要具备技术解决能力，还要有艺术家的勇气、敏感度和对美的把握。作者认为这是对学科大分工之后的建筑学的一次反思和批判，是建筑师本体身份的回归。

矶崎新归纳的建筑师的3种身份（图片源自网络，原文为英文）

64. 何崴：《乡村弱建筑设计》，《新建筑》2016年第4期。

但在乡村中，只有这3种身份还是不够的。建筑师除了要具备以上3种身份及相应的技能外，还应该，或者说也需要扮演其他的身份，比如好的说客、品牌策划人、重构社群关系的推动者、乡土智慧的记录者和翻译者、监工、宣传者，甚至是建筑的"代孕者"……

第一，好的说客。

长期以来，中国乡村都处于城乡结构中的弱势一方，产业的退化，人口的外移，知识的滞后，使乡村无论是智力、活力还是资本等方面都严重不足。乡村建设会遇见各种各样的问题，从最开始的产权问题、资金问题，到功能问题，再到风貌美学问题等，建筑师会遇到各种各样的事和人，需要很强的沟通和随机应变能力。建筑师需要了解各方的诉求，并在实际行动中解决各方的诉求。如对于村民来讲，他们需要实惠，需要增加直接的收入；对于民间机构和投资人，他们需要的是合理的经济回报；对于地方政府，他们需要社会效益和政治效益。

在西河粮油博物馆及村民活动中心项目中，工作之始最重要的是解决资金问题。这时候，建筑师要扮演说客的角色，要想办法说服出资方（包括地方政府、民间机构和投资人、村民等）建立信心，出钱建设。如何说服？往往最直接方法最有效。建筑师说服村民及地方政府出钱建设使用了3个理由："好用""便宜""赚钱"！所谓"好用"是指建筑的功能和空间组织的合理性。在西河粮油博物馆及村民活动中心项目中，建筑师并没有刻意追求文化性，也很少与村民谈及"传统文化的保护"；而更多的是和村民商讨空间的组织和功能的设置如何符合当地人的使用需求，如何能满足未来的使用要求。

关于"便宜"，建筑师反复告诉当地人，这个建筑不会太贵，建筑师不会使用昂贵的材料，也不会追求过分的精美，会尽量利用原有空间，使用本地材料，本地工艺和本地工人。在设计中，建筑师也的确是这么做的：除了钢和玻璃是从武汉（距项目所在地约2.5小时的车程）采购的，项目中的其他材料基本出产自本县；工艺做法则尽可能选择当地的传统做法，不刻意追求过于精致的细部，或者过于城市化的效果；项目的工人也主要来自西河村的留守村民以及新县本地的工匠。

要让建筑帮助村子"赚钱"，这是建筑师反复告诉自己和村民的要点。这也是致使这个项目能顺利开始和完成的重要动力。新建筑的功能定为3个组成部分：一个微型博物馆，一个村民活动中心和一个特色餐厅。特色餐厅用来满足餐饮需要，可以为村庄带来直接的经济收益。村民活动中心保持原空间的尺度，既可以服务于村民的日常使用、公共集会，也可以出租给周边或县里其他人举行大型的活动，如婚礼等。微型博物馆是此改造项目中最不能直接赚钱的功能，但它是西河村未来品牌的承载者，是吸引游客来到这个小乡村的重要理由，可以间接地为村庄带来经济收益。[65]

第二，品牌策划人。

作者一直认为改善村民生活最核心的问题不是建造一栋"漂亮的房子"，而是帮助村民找到希望。这种希望也许来自生活环境的改善，也许来自新的经济收入，也许来自年轻人的回归……但总之，中国村民是现实的，他们更相信拿到手的"真金白银"。建筑是让村民取得实惠的途径，正如前文所述是容器、触媒和灯塔。建筑师在完成本职设计工作之外，要有品牌策划的意识，要在设计空间的同时思考空间容纳的内容，以及这个内容如何更具经济、社会和文化影响力。

---

65. 何崴：《身份的现隐：建筑师在乡村建设中的角色扮演》，《住区》2015 年第 5 期。

1 | 2
3

1.在西河村榨油师傅拿着榨好的茶油（摄影：何崴）

2."西河良油"品牌商标（三文建筑提供）

3.松阳平田村爷爷家青年旅社室内戏剧性的视觉语言，为品牌的宣传奠定了基础（摄影：陈龙）

还以西河粮油博物馆及村民活动中心项目为例，建筑师对村落未来新产业的内容，建筑在未来产业中的作用以及经营策略等都提出了建议；帮助西河村找到了新产业——有机茶油，并建议村庄创立以"西河"为品牌基础的茶油和其他有机农业产品。在建筑师的建议下，村民收购了当地具有约300年历史的油榨车，修复后安置在新的博物馆中，供游客参观和亲身体验；也是在建筑师的建议下，村民在2014年11月25日上午8时55分（良辰吉日）重新恢复了传统手工榨油工艺的生产。与此同时，建筑师还为西河村的农业产品设计了"西河良食"系列品牌，以及此系列的第一个产品有机茶油的商标——"西河良油"。

再如松阳平田村爷爷家青年旅社项目中，投资人当地村民江斌龙。他希望将包括爷爷家青年旅社在内的多栋建筑改造成一个民宿群。建筑师在设计之初就在思考，如何通过建筑"引流"的问题。建筑必须具有足够的表现力和传播性，以帮助村民创立新的民宿品牌。在建筑室外基本保留原貌的基础上，建筑师对室内进行了大胆创作，引入了具有张力的空间布局、新材料和灯光，和老建筑形成了富于戏剧性的视觉对话，使居住者有新奇的身体体验。建筑完成后，很快获得了各界的关注，也快速为业主换来了经济收益。

第三，重建社群关系的推动者。

在历史上，乡村是以血缘关系、地缘关系组合在一起的紧密联系社群（Community）。村民之间不是亲属关系，就是邻里关系，大家彼此熟悉，几乎没有秘密和私密可言。在中国乡村，很多情况下，并没有现代意义的法制，但村民之间以"村规民约"的方式确定行为准则，总体来讲是一个相对稳定，且紧密的利益共同体。其中，乡绅、族佬、先生（Teacher）、大工匠等能人起着乡村稳定器的作用，他们也是人群网络中的重要节点，起到串联人群的作用。

$\dfrac{1}{2}$

1.建筑上梁仪式。在中国乡村中,建造行为是村民社会交往的重要组成部分(摄影:赵卓然)

2.西河村留守妇女参与建设(摄影:何崴)

在日常生活中，建筑行为（Architectural Action）或者更大范围空间实践（Spatial Practice）一直与宗教祭拜行为、红白喜事等活动一起支撑着乡村社会公共生活，成为村民彼此交流的重要途径。因为传统的空间实践往往不是一家人的行为，而是群体行为，是通过邻里互助完成的。这个过程又与很多宗教祭拜行为，如上梁仪式等联系在一起，最终成为人群关系的"黏合剂"。当代中国乡村，建筑的这种社会属性比历史上的任何一个时期都弱。年轻劳动力的离村，家庭结构从大家族向小家庭的转变，建造行为市场化（乡村建房子再不是邻里互助，而是雇佣职业施工队伍来完成），都削弱了建筑在社会关系中作用。

当代建筑师进入乡村，能否通过自己的工作，帮助重建社群关系是建筑师社会责任的重要体现。这类似于英国谢菲尔德大学朵依娜·彼得雷斯库（Doina Petrescu）教授所说的"建筑行动家"（Activators）[66]的概念，建筑师在完成自身建筑设计的同时，也要关注空间生产（Production of Space）过程中与空间有关的公众——村民的感受，保障他们的利益，尽量调动他们的参与。这种参与既可以是对设计方案的民主表决，也可以参与建造，还可以是出资赞助项目。西河粮油博物馆及村民活动中心项目就充分体现了这种全民参与性，项目初期的建设资金来自村民组织的合作社，全村90%的村民入股，一半的工人是本村村民，最后的经营者也是合作社。通过此次空间实践，大部分村民获得了利益，建立了信心，邻里之间的信任也重新建构起来。而在这个过程中，建筑师适时扮演了"推动者"的身份，如说服乡村里的能人——张思恩出资并组建合作社，协调各方意见，化解各方矛盾，促成项目的落地等。

第四，乡土智慧的见证者和翻译者。

很多人喜欢村庄，欣赏乡土建筑（Vernacular Architecture），这一方面源于乡

---

66. 任翔：《作为媒介介质的建筑》，《新建筑》2016 年第 3 期。

土建筑的朴素、真实和自由，以及村庄呈现出的聚落性和原真性；另一方面也因为村庄建筑在建造中表现出的大量不同于城市的智慧。这种智慧是一种集体记忆，反映了一个地区，一段时间内在营造方面的成就。

在作者主持的乡村研究和实践项目中，经常能深刻体会到这种智慧。在很多情况下，作为城市建筑师，会被乡村工匠或者村民简单、略显粗陋，但睿智的处理方

福建漳州平和县某乡村卫生间，乡土的自发性建筑。作者认为它可以作为当代建筑师学习的样本（摄影：何崴）

式震惊。在这种时候，建筑师自然而然地会成为学生、记录者和见证者。要成为见证者，先要放弃惯性思维，要以一种艺术家式的、"干净"的方式观察外部世界。不轻易否定，也绝不能不加思考地接受，要亲自走下去，面对真实的乡土世界，同时以一种中性的、发现的眼睛看待乡土世界。要能拨开乡土表层所谓的落后，发现乡土中的美和智慧。

在这个基础上，也要实践，要将自己的观察、思考转化为对实际问题的解决。在实践过程中，作者认为建筑师要向地域学习，向工匠学习，通过材料和工艺的在地性是最好的方式和路径。建筑师要掌握地方材料和工艺，就必然要首先放弃城市思维中常用的材料和工艺，如混凝土、高技节点等；然后是学习地方材料和工艺，了解它们的特点和优劣。这个过程中，向地方工匠请教、相互讨论就变得必不可少。在这个请教和讨论的过程中，建筑师与工匠的身份会被重新界定。两者之间的关系也会从建筑师高高在上的俯视，向平视转变。

在西河粮油博物馆及村民活动中心项目中，多个细部做法都是在这种请教和讨论中完成的，如村民活动中心北侧室外平台的铺装。在这个部分，建筑师希望使用场地中堆放的废瓦（1970年前后的大瓦片）作为铺装材料，最开始的想法是将废瓦垂直铺设，但瓦的尺寸较大，如果直接立铺会加大施工的土方量；而且因为瓦是不平整的，直接使用还会使瓦与瓦之间有很大的缝隙，不利于行走。在与工匠讨论后，最终决定将瓦延长边一劈为二，并切口朝上铺设，这样就能很好地解决上面出现的两个问题。在施工过程中，当地工匠又给建筑师上了一课，没有使用城市常用的水泥砂浆作为黏合材料，而使用了"灌沙法"来固定瓦片。首先将瓦片竖直放置好，然后向缝隙中灌入沙子，等沙子自行向下沉降后再灌，直至完成。当地工匠说，这是传统的做法，只需要灌3～4次沙子后，瓦片就会很牢固地被固定好。[67]显然，这样的做法比使用水泥砂浆要环保，铺装的透水率更高。这就

---

67. 何崴：《向工匠学习，在农村建筑：以河南省信阳市新县西河粮油博物馆及村民活动中心项目为例》，《建筑技艺》2015 年第 6 期。

$\dfrac{1}{2}$　　　　1.在西河粮油博物馆及村民活动中心项目，建筑师与工匠讨论铺装的做法（三文建筑提供）

2.村民用"灌沙法"固定铺装（摄影：何崴）

是民间的智慧，也是乡土建筑中最具价值的内容之一。此次经历给作者很大的触动，也直接促使作者在后面的乡建设计中特别强调向地方工艺和工匠学习。

学是为了用，学习民间智慧是为了使其更好地为当代生活服务，因此建筑师要成为乡土智慧的当代翻译者。在作者主持的项目中，学习和翻译一直是共存的。在松阳平田村爷爷家青年旅社项目中，二层室内"房中房"（Houses Within House）的空间结构与中国传统卧室内放架子床的空间逻辑[68]是一致的。在上坪古村复兴计划中，新设计的售货亭的空间原型是村庄中的谷仓。建筑师发现、学

1 | 2 | 3 | 4

---

68. 爷爷家青年旅社的二楼用木框架和轻质材料在原建筑室内重新构建了 3 个房子中的房子，它们用于摆放床铺。而中国古代卧室因为建筑净高大，不利于保温，因此会在室内使用架子床（形态如同缩小的建筑）来睡眠。

习并翻译了乡土建筑所携带的民间智慧，将之转化到当代设计中去，但在功能和形式上又不是对传统的简单拷贝。

第五，知道什么时候妥协的"监工"。

在乡村做建筑，建筑师需要现场的指导和监工，也就是常说的"驻场"。因为工匠在很多时候不会100%按照图纸施工，地方领导还会发表自己的意见，并指挥工人按照自己的喜好实施。所以，要想完成一个建筑，对于现场的控制至关重要。在作者经历的几乎所有乡村项目中，建筑师团队在后期的重要工作就是现场指导和监工：现场交底，放线，讨论工程做法，实验材料不同处理效果，叫停和纠正现场出现的重大错误等。在某种意义上讲，乡村的项目不是设计出来的，是盯出来的。

此外，在监工的过程中，建筑师还必须懂得什么时候不能妥协，什么时候必须妥协。不同于在城市中建筑，乡村建筑存在很多不确定的因素，也受到很多地方条

1. 在中国传统民居中，房子里面安放架子床的空间模型（摄影：李甫）
2. 松阳平田村爷爷家青年旅社中"房中房"的设计（摄影：何崴）
3. 王家疃项目，建筑师监督施工返工（三文建筑提供）
4. 威海石窝剧场施工现场，窗间墙侧面的石头立面处理和正面不同（三文建筑提供）

件的限制。建筑师需要游走于坚持和妥协之间，抓大放小。建筑师首先要明确哪些设计内容是必须要坚守的，是底线，哪些又是可以变通的。正如前面章节所述，乡村建筑要有其乡土性，如果完全不可变通，建筑很容易变得僵硬，像放入乡村的异地建筑标本。反之，如果完全没有驻场监督，乡村项目的成果往往是灾难性的。材料的限制（很多材料在区域内无法买到），成本的限制，邻里关系的限制（乡村土地有严苛的界限，相邻建筑之间也有大量的禁忌），建造者素质的限制（不习惯看图纸，或者缺乏职业素养等情况）等都直接影响着建筑的呈现。建筑师的现场监督起到了总体控制的功能，确保建筑在正确的方向上前进。

在王家瞳项目中，建筑设计团队有两人派驻现场，一位是老工程师，负责技术把关，一位是建筑师，负责效果把控。在项目进行中，建筑师除了与工匠讨论优化工艺之外，也多次因为施工质量不合格，要求施工者返工，确保了建筑的最终效果。同样在威海石窝剧场的项目中，对于如何垒筑毛石立面，建筑团队也和现场施工者之间发生过激烈的争论：在大面积墙面部分，建筑师要求用真实的毛石进行垒筑，不能使用石片，这给施工成本带来了一定的提高，建筑师认为工艺和材

1 | 2

1.威海本地的传统垒石工艺（摄影：何崴）
2.威海石窝剧场施工现场，建筑师坚持使用真实的毛石，以本地传统垒筑工艺建造外立面（三文建筑提供）

料的原真性在此至关重要，因此没有妥协。而在窗户与墙面结合区域，因为构造的要求，粗糙的原石很难同时满足密闭和美观的要求，在施工团队的建议下，建筑师进行了妥协，同意使用石片来施工。

完成设计只是建筑项目进程的1/3。建筑和其他艺术不同的地方在于，图纸实现不代表建筑可以实现；而在实现建筑的过程中，也不是建筑师一个人可以完成的，它需要业主的资金，工程师的技术，施工者的实施和周边利益方的支持，缺一不可。在这个过程中，建筑师位于所有相关方的中间，妥协和不妥协是一种技能也是一种艺术。

第六，建筑"代孕者"。

对于村庄来说，（外面的）建筑师终究是外来者，是过客。而建筑师在乡村的实践也必须自我解答一个问题，到底为谁而设计？是为村民而设计，还是为外来访客而设计？抑或干脆是为建筑师自己而设计？不同的答案会有不同的态度，也对应不同的结果。

在乡村项目中，作者一直提醒自己上面的问题，经常告诫自己，千万不能只为自己而设计。在作者看来，建筑师不能把建筑看成是自己的孩子，它是别人的孩子，而建筑师最多就是一个"代孕的母亲"。作为外来者的建筑师应该认清这一点，对于村庄来说，建筑师只是一个过客，村庄的主体是村民或者新村民[69]；一个好的乡村建筑应该能长时间为当地人使用。新建筑应该更像是村民的"孩子"，村庄的"孩子"，应该能融入到村庄中去，成为村庄聚落的一部分。

当然，融入不代表没有个性，没有时代感。一个时代应该有一个时代的特征，乡

---

69. 所谓新村民是指近年来从异地去往乡村，并长期居住在乡村，从事生产、生活的人群。他们可以不是农民，也可以不从事农业。

村是活的，其间的建筑也应该是活的。在新时期，设计、建造的新乡村建筑可以不同于老建筑，但它们应该是一脉相承的，有着血缘上的联系。而建筑师要做的就是找到这些血脉上的联系，并引导村民去发展它、传承它。此外，在任何一个

建筑师将上坪古村复兴计划项目带到威尼斯建筑双年展（三文建筑提供）

有建筑师的项目中，都不可能完全屏蔽建筑师的个人痕迹，也不应该屏蔽。因为所有的传统都来自当时的个人创造，是众多个人创造的集合。

建筑的"代孕者"还包含另一层含义。建筑师应该明白，建筑在结束建设、交付给业主之后，就与建筑师失去了强联系。这如同孩子从"代孕者"体内分娩后，交给了孩子的真实父母一样。建筑在使用中的未来，如同孩子的成长，往往是由建筑的真实父母——业主决定的。有时候，业主会延续建筑师的思路，保持建筑完成之初的状态，有时候也会改变，甚至彻底重建。如果是前者，代表建筑师的思路符合使用者的需求，如果是后者，对于建筑师来讲固然是不幸的，但对于建筑而言并不一定就是灾难。被改变代表着建筑还"活着"，被使用，建筑师作为"代孕者"应该为"孩子"活着、长大而高兴，虽然他也许已经不是最初设想的样子。在乡村，建筑被使用，比好看重要。

第七，乡村图景的宣传员。

长期以来，乡村一直处于半封闭的状态，外界对乡村的认知或是模糊不清的，或是简单刻板的。但乡村既不是"诗和远方"，也不是落后的蛮荒之地，它是真实的、复杂的存在。乡村要复兴，离不开城乡之间信息、资源和人的交换。城市人首先要知道乡村到底是什么，到底发生了什么，才会有兴趣"下乡"；乡村人也要知道外面的世界发展情况，城市人的所思所想，才能更好地将乡村带入当代社会。城乡之间的信息交换，在过去一直是困难的，交通的不便捷和传统媒介的单向属性使乡村一直处于"边缘"，城市则是"中心"。但新媒体的出现改变了这种"中心—边缘"的结构，"人人都是媒体"也就无所谓信息的垄断。正如马歇尔·麦克卢汉（Marshall McLuhan）所述："任何媒介（即人的任何延伸）对个人和社会的任何影响，都是由于新的尺度产生的，我们的任何一种延伸都要在我们的事物中引进一个新的尺度。"[70]

在这个"新尺度"的时代，建筑师作为最早一批"下乡"的知识分子理应发挥其自身
"意见领袖"的作用，应该通过自己的眼、手、身体、头脑和灵魂，将乡村的真实
图景，投射到外部世界去。并通过这种"投影"，放大乡村的社会影响力，最终为
乡村带来资源。因此，建筑应该作为灯塔，让远方的人看到此处；建筑师应该以
一种总体设计（Gesamt-Design）的思维，在设计中植入叙事的可能性，虽然
不单纯为宣传而做设计，但也不刻意排斥宣传对建筑设计的影响力。"有的晒"并
不是建筑设计的唯一目标，但应该是建筑师服务乡村的一部分内容。作者的团队
在多年的乡村建筑设计过程中，一直秉承着这个思路：记录乡村变化前后的风
貌和建造过程中的重要事件，将建筑与所在乡村的变化通过传统媒体和新媒体发
表，通过展览的方式展现，通过奖项的方式给地方带来荣誉和信心。作者认为，
只要是对乡村有利的工作，建筑师不必太在意是不是本职工作，去做就好了。

在西方的词语中，Architect一词除了"建筑师"之外，同时有"构架师"的含义，他
往往被看成是"世界"的建构者，甚至是创造者。诚然，这对于建筑师这个职业来
说是天大的好事，可以理直气壮地将个人的思想灌输给周边的人，让他们遵循建
筑师的意志行动。事实上，在很多时候，这样的思想是每一个建筑师向往的，并
着力追求的目标。建筑师都希望自己能够成为创造者、教化者，起码是影响者。

必须承认，在开始乡村实践之初，大部分建筑师或多或少带有这样的思想，他们
强烈地希望能通过自己的设计改造乡村，并教导村民什么是好的。但今天看来，
这种单向的给予并不是绝对的。作者越来越觉得，在乡村的建筑实践是一种双向
的教育过程：作为建筑师的我们告诉村民什么是当代的设计和审美，而村民告诉

---

70. 马歇尔·麦克卢汉：《理解媒介：论人的延伸》，何道宽译，译林出版社，2011，第5页。

建筑师什么是乡土的、地域的智慧。在这个过程中，建筑师的身份既是教育者，也是被教育者；既应该凸显作为设计者的先知先觉，又应该尽可能地隐藏自己的"外来者"身份，用当地人的视角去观察、去思考，甚至去生活。[71]

从这个角度看，也许我们可以用中国传统中的一个身份来定义在乡村的建筑师——乡绅。虽然不一定是叶落归根，但却一定是洗尽铅华，他们是乡村中的智者，也是锚点。

71. 何崴：《身份的现隐：建筑师在乡村建设中的角色扮演》，《住区》2015 年第 5 期。

乡建实践

公共参与塑造乡村新公共空间
——河南省新县周河乡西河村

从古村看村民活动中心北立面

地点
河南省信阳市新县周河乡西河村
业主
西河村村民合作社

阶段一：西河粮油博物馆及村民活
动中心，2013—2014 年
主持建筑师
何崴
团队成员
陈龙、齐洪海（照明设计）、韩晓
伟（照明设计）、赵卓然（展陈设计）
夏博洋（商标设计）

设计时间
2013 年
建成时间
2014 年
用地面积
3700 平方米
建筑面积
1500 平方米

阶段二：西河粮油博物馆室内空间
更新设计，2016—2019 年
室内设计
三文建筑 / 何崴工作室

主持建筑师
何崴
团队成员
赵卓然、陈龙、李星霓、华孝荣、
汪令哲（实习）、叶玉欣（实习）
设计时间
2016—2019 年
建成时间
2019 年
建筑面积
300 平方米
摄影
金伟琦、何崴、陈龙、齐洪海

西河村的建设经历了2013—2014年和2016—2019年两个阶段。设计团队先后完成了西河粮油博物馆及村民活动中心和西河粮油博物馆室内空间更新设计。

2013—2014年的项目是一个公益项目：设计师免费完成了建筑、室内、景观和照明方案，并负责现场工程指导，在整个过程中，设计团队只象征性地收取了少量的制图费。但此项目不是一个"捐助项目"，它的建设资金来自村民自发组成的村民合作社的自筹资金和政府补贴，建设队伍也主要由当地的留守村民组成，因此在某种意义上讲，它是一次由村民和设计师共同完成的实验。2016—2019年是对2014年完工的博物馆室内的更新设计。

项目还是一个非典型的建筑设计，也可以称为"建筑之外"的项目。因为，建筑师不仅需要设计建筑，同时需要为村民策划未来的经济产业（结合当地的经济作物和传统工艺，为西河策划了天然茶油、板栗等产品，并建议村民形成"西河良食"这个农业品牌），帮助村民重建集体经济，引导村民如何去经营新的村庄。

建筑由20世纪50—60年代的粮库（粮库原名西河粮油交易所）改造而成。原场地上有建筑5座：2座粮仓、3座附属建筑，占地约5.5亩（1亩=666.67平方米），总建筑面积约1500平方米。库房体形硕大，保留有完好的木梁架，极具空间震撼力；原有粮库场地和附属房间保存状态良好，局部有破损。

设计理念是在保持原有建筑总体布局和空间特征的前提下，植入新的功能，调整原有建筑空间，局部地改造建筑外立面，使之对外能更好地与河道景观、北岸古民居群进行互动（包括视线和行为），对内为新的功能服务。在工程技术和材料选择上，尽量选择当地材料和本地工艺，力保项目的低造价和在地性（总工程造价约150万元）。对于改造中拆除下来的废料，对其进行了再利用，尽可能做到"内部消化"。

完成后的西河粮油博物馆及村民活动中心包括：一座微型博物馆（用于展示当地原生态的农作物及传统粮油加工工艺），一个村民活动中心（可以满足西河村及周边村民多种使用需要）和一个特色餐厅。在建筑师看来，新建筑既是未来西河村公共活动的主要场所，也是产业发展的拉动器。

上页图：西河与改造后的粮库

西河粮油博物馆及村民活动中心

基地，小村庄内的废弃粮库

基地位于大别山革命老区、全国贫困县——河南省信阳市新县（距信阳车程约2小时，距武汉车程约2.5小时）周河乡西河村。西河村距离县城约30千米，是山区中的一个自然村。村庄一方面具有较丰富的自然、人文景观，如风水林、清末民初古民居群等；另一方面，交通闭塞，经济落后，缺乏活力，空巢情况严重，常住村民大多为留守老弱儿童和智障村民。

项目基地位于村庄南侧，占地5余亩，原为1950—1960年代的粮库——西河粮油交易所。基地内现存建筑5座，双坡顶，砖石结构；2座为粮仓，体形硕大，空间封闭，3座为后勤用房。建筑保存较完好，但已基本废弃。

1.内院夜景
2.总平面图

$\frac{1}{2}$

100

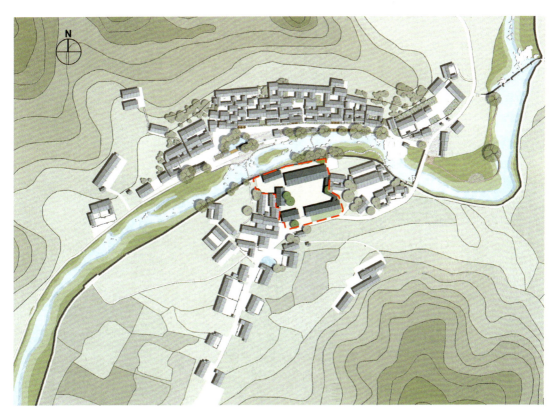

1.西河湾鸟瞰图
2.改造前的粮仓
3、4.改造前的西河村
4.改造分析图

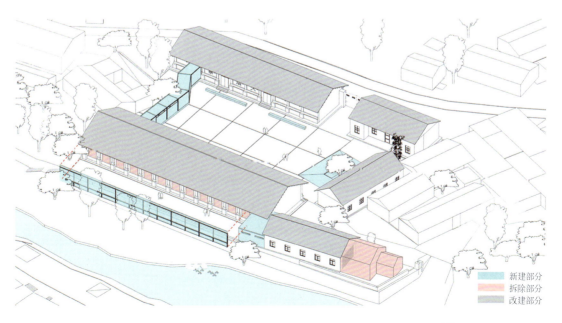

新建部分
拆除部分
改建部分

1. 西河粮油博物馆　2. 转折连廊　3. 纪念品商店　4. 村民活动中心　5. 特色餐厅
6. 厨房　7. 包厢　8. 后勤指挥中心　9. 晒谷场　10. 渡口

设计，通过改造，激活空间

利用原有建筑的物理条件，新建筑重新规划使用功能，为村民提供公共活动场所；同时，增加文化和游客服务功能，包括微型博物馆、特色餐厅和村民活动中心。

微型博物馆是提升村庄知名度，拉动村庄经济的契机，通过收集、修复、展示当地农耕文化的历史遗存（手工榨油的油车等农具），创造参与性展览空间，为村庄新经济（如茶油、板栗加工等）提供文化支点。特色餐厅和村民活动中心为村庄提供了旅游接待和经营（如会议和婚庆）的可能性，拉动了村庄的经济。

1. 平面图
2. 改造后的特色餐厅

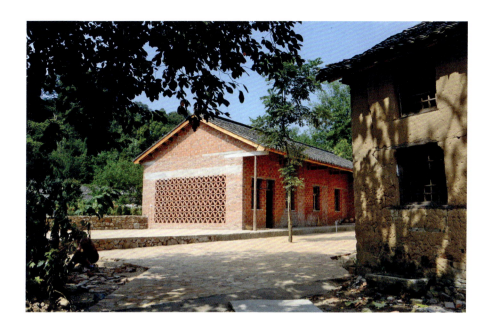

1. 餐厅内部
2. 餐厅隔断细节
3. 餐厅西立面，新设计的镂空山墙
4. 镂空山墙的室内效果

1	3
2	4

拆除场地西北角原破损的附属建筑西侧两跨，形成室外活动平台，使河流两岸视线联系更通畅。清理场地北侧闲置用地，创造新的室外平台空间，加设石阶与河边步道相连接，使改造后的建筑群与村庄北岸古建筑群、河道景观更紧密结合。

保留原粮仓中间的晒谷场，对地面进行修整，仍作晒谷场之用，也可以成为新公共空间的室外聚集场所。在晒谷场中增设两排座凳，供村民和外来人休息使用。在内院原消防水池位置上，设计新的水景观，与旁边柿子树一起成为空间中的视觉高点，以及作为儿童游戏场所。

在场地东侧，根据环境关系新建一座转折连廊，连接南侧博物馆和北侧建筑，并成为内院东面的新边界。重新规划和设计场地内绿地和硬质铺装，利用场地内原有废弃建材（如废瓦和废砖）及当地的石材作为铺装材料。

```
  |2
1 |3
```

1. 场地东侧原貌
2. 改造后的晒谷场
3. 新建的转折连廊限定了空间的边际，同时使建筑功能更加连续

建筑处理上，保留原粮仓的空间特征，适度改造：村民活动中心部分，利用隔断和可移动的家具，营造灵活多变的大空间；博物馆部分，按照当地习俗和传统工艺流程布置展品，营造出"真实"的农作场景。

对原粮仓外立面进行分别对待：朝向晒谷场的墙面保持原风貌和历史信息；外侧墙体进行改造，使其更通透、更公共，并利用当地的竹子作为遮阳和立面视觉元素。

餐厅部分，保留原建筑南北外墙，拆除西侧两跨，拆除全部内墙；借鉴当地视觉元素，设计新的镂空山墙以及室内家具，营造具有现代感的地域建筑风格。

1. 村民活动中心室内隔断
2. 村民活动中心室内
3. 改造前的粮仓空间结构

1. 西河粮油博物馆外观
2. 改造后的北侧平台及立面
3. 博物馆南立面局部

1. 博物馆室内空间
2. 老油工演示榨油
3. 博物馆展陈
4. 建筑室内原貌

使用小功率LED投光灯、LED灯带对建筑外观、场地景观元素进行照明，营造宁谧的光影气氛，使改造后的建筑既具有夜晚的面貌，又能融入乡村环境。

利用红光将原粮仓门头上的数字标号、山墙上的红五星照亮，形成局部的戏剧性效果，为改造后的内院增添活力。

定制设计"挂篮"形室内灯具，同时满足向下照亮物体和向上照亮屋架的使用需要；灯具造型内敛，和空间形态协调一致。

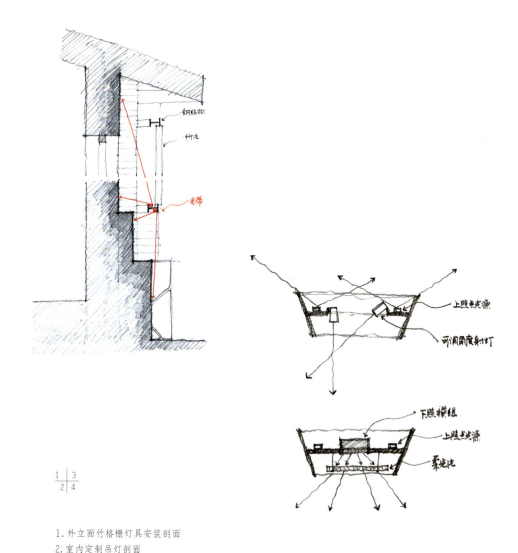

1. 外立面竹格栅灯具安装剖面
2. 室内定制吊灯剖面
3. 博物馆夜景
4. 外立面竹格栅夜间灯光效果

117

1 | 2
  | 3

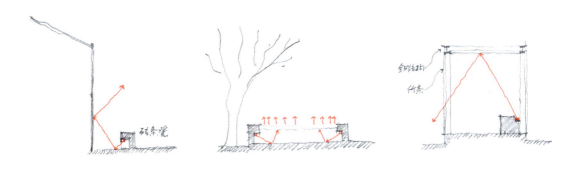

1.特色餐厅室内照明效果

2.从大门看夜晚的建筑

3.内院照明设计草图

村民自建，公共参与使建筑更具在地性

本项目是一个公益设计项目：旨在通过优秀的设计，改变贫困村庄的现状。建筑师希望通过对原有闲置建筑的空间改造和功能重置，为村民提供一个公共活动场所，同时植入新的文化项目（反映当地农业的微型博物馆）和特色餐厅，拉动村庄经济，提高村民生活质量。

项目建设经费由政府及由村民组成的村民合作社共同筹集；项目建设大部分由留守村民（包括几位智障村民）完成；完成后的建筑由村民合作社负责经营、管理，收入反馈给村民。

本项目也是建筑师与村民共建的尝试：与村民协商，确定新的使用功能；尽可能使用当地的材料和工艺做法来建设；模糊设计，不强求图纸上的面面俱到，强调与工匠的沟通，最大限度地保留村民自建的积极性。

本项目还探讨了农村低成本建造的可能性：项目占地5余亩，总建筑面积约1500平方米，其中博物馆420平方米，村民活动中心680平方米，特色餐厅170平方米，总工程造价（包括部分设备和家具）约150万元。

1 | 2
  | 3

1.副乡长张一谋、村民刘济民及村民宝宝在保养刚刚敷设的混凝土晒谷场
2.村中留守村民在现场工作
3.村民张因福与另一村民一起参与晒谷场的混凝土地面浇注

见证改变，公共空间引导公共生活

建筑投入使用后，西河村获得巨大的收益。它从一个没有移动手机信号的小村落变身成为全国知名的村庄，甚至被选入中央电视台的专题节目《记住乡愁》。在直接经济收益方面，特色餐厅和村民活动中心平均每周出租2次，每次收入约2万元；2014年"十一"假期7天（10月1—7日），有约2万人来这里参观游玩；10月1日，有人租借村民活动中心举办婚礼。

改造后的粮库为西河村，乃至新县提供了一个新的公共场所。无论是博物馆、村民活动中心的多功能厅，还是室外的晒谷场，都为村民的公共集会提供了可能性。因为建筑的开放性和公共性，新建筑已经成为村庄新公共生活的重要组成部分，在投入使用后，这里经常举办卡拉OK晚会、唱戏、篝火晚会等活动。俨然，它已经被村民接受，并已经融入村庄的生活。

项目建设过程也给村民带来了改变：参与建设的村民不仅有收入；还有几位智障村民通过劳动改善了病情。其中最为典型的是村民宝宝（张因成），他开始参与建设时几乎无法与人交流，到项目结束后可以使用手机。

1. 村民在晒谷场中听戏
2. 村民在改造后的平台演皮影戏
3. 小孩在改造后的西河粮油博物馆场地嬉戏

1 | 2
1 | 3

品牌塑造，活态保护、产业融合

项目帮助村庄找到了新的产业——有机茶油。建筑师充当了产业策划者的角色，结合当地的经济作物和传统工艺，帮助创立"西河良食"系列品牌，并免费设计了"西河良油"商标；同时，帮助村庄建构了网络营销机制。

在建立新产业的同时，项目还修复了中国乡村传统有机农业和手工艺。在设计师建议下，村庄收购并修复了当地仅存的、可使用的油车（有约300年历史），并于终止使用30余年后的2014年11月25日8时55分，恢复了全手工榨油的工艺。

产业的复兴让村民意识到自己手中拥有的自然资源和传统工艺可以在新时期转化为切实的经济利益，这极大地增强了他们对村庄建设的自信心。这些产业为农村提供了新的工作岗位，让原本在外务工的年轻人愿意回到乡村。同时，年轻人的回归也为乡村带来新的活力和思维，例如互联网和品牌化，从而让农村产业进一步升级，产生一个良性循环。

1. 村民张言勤带领其他村民修复传统油车
2. 老油工与"西河良油"
3. 西河粮油交易所旧标牌
4. "西河良油"商标设计过程稿

	2
1	3
	4

西河粮油
西河粮油
西河粮油
博物馆
西河 西河 博物馆
西可良油
良
良 良
茶油销售处

西河粮油博物馆室内空间更新设计

项目背景，5年后的博物馆面临新挑战

2013年，设计团队的工作聚焦在对西河村一组建于1958年的粮库的改造上。通过对场地中5座建筑的空间重构和功能更新，设计师成功地将1950—1960年代的"西河粮油交易所"转变为21世纪的"西河粮油博物馆及村民活动中心"。改造后，建筑的功能包括一座微型博物馆，一处特色餐厅以及多功能用途的村民活动中心。这座新建筑既是西河村新的公共场所，也成为当时激活西河村的重要起点。

在建筑改造的同时，设计团队还为西河村策划了新的产业：茶油，并设计了相关产品的商标——"西河良油"，可以说是一次"空间—产品—产业"三位一体的跨专业设计尝试。而西河粮油博物馆正是承载产品和产业的空间。一架古老的油车被安置在博物馆的空间中，它不是单纯的展品，它同时是真正的生产工具。2014年11月25日，时隔30余年，西河湾又开始了古法榨油的生产，而这油就是"西河良油"，榨油的工具就是这架有300年历史的油车。

1. 博物馆外观
2. 更新后的西河粮油博物馆平面

$\dfrac{1}{2}$

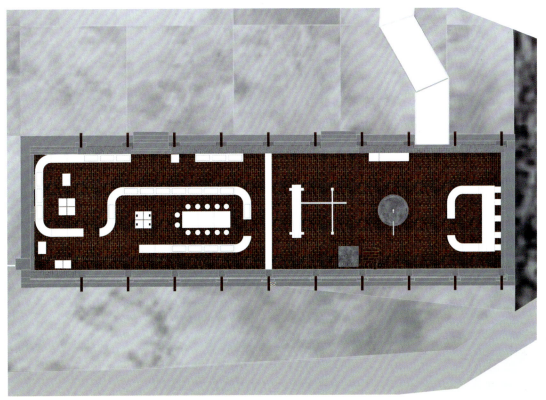

时间来到2019年，5年时间飞逝，西河村在这5年中也发生了大改变。古村得到了全面修缮，也新建了民宿和帐篷营地等旅游服务设施，现在西河村已经成为年接待游客数十万人次，吸引青年人返乡创业的乡村振兴模范村。

随着变化，西河粮油博物馆也面临新的挑战和任务。如果将原有空间进一步梳理，提高效率，进一步加强参与性、娱乐性，完成空间升级，适应西河村新的使用需求是2019年摆在设计团队面前的命题。

空间升级，明确主题，强化体验

室内空间的重新设计围绕"粮"和"油"展开，也再次回应了建筑的名称"西河粮油博物馆"：建筑的两个房间，一个主题是"粮"，一个主题是"油"。粮空间，注重儿童的体验，分别从春夏秋冬的四季入手布置空间分区，每个季节对应一个主题，即"春播""夏长""秋收""冬藏"。空间和家具强调互动性，希望打破原有博物馆以"看"为主的调性，让观者（特别是儿童）能够参与其中，可"触"、可"听"、可"磨"、可"尝"。

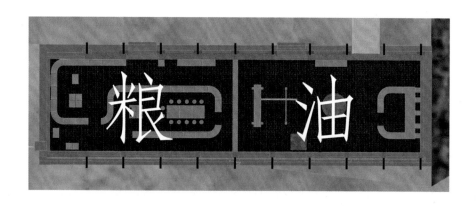

1.博物馆室内被分为"粮""油"两个主题空间
2.粮空间
3.油空间

因此，"春播"在于"触摸"和"认知"作物本身：该区域被设计成一个围合的农作物知识小讲堂，使得孩子们可以围坐在一起并亲手接触到各类将要在春天播种的作物。这种体验将辅助以直观的讲解，观众从这里开始对农耕与农时的认知之旅。

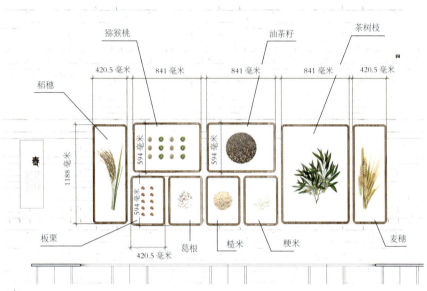

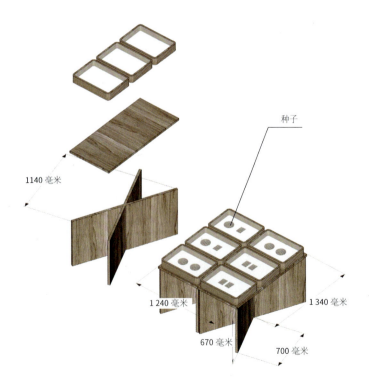

1. "春播"展墙技术图
2. "春播"展桌
3. "春播"五谷展示区
4. "春播"展墙

"夏长"在于倾听环境、"感知"万物生长的"自然协奏曲"：该区域放置了若干收纳声音的艺术装置，每一个装置内会有高低错落的由竹子制作而成的听筒，凑近的时候会听到夏季的乡村中熟悉的声音，比如虫鸣和晚风吹过树梢的沙沙声。

"秋收"则通过碾磨体现：一台从农户家中收来的石磨被放置在展厅中央。在工作人员的指导下，孩子们与他们的父母可以共同使用这台传统石磨来碾磨秋天收获的农作物，如稻米、小麦、高粱等。亲身的体验让脱壳、碾磨这些农事生产词汇从书本上走到现实中。

1."夏长"展厅中关于听的装置
2.儿童在倾听夏天的声音，万物生长的"自然协奏曲"
3.体验石磨

	2
1	3

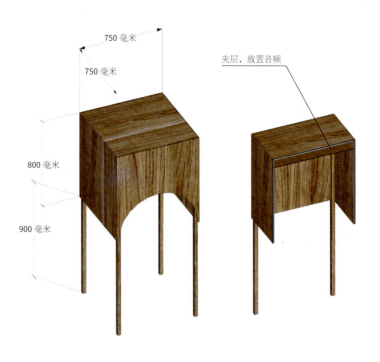

750 毫米

750 毫米

夹层，放置音频

800 毫米

900 毫米

133

"冬藏"则是这一穿越四季的农事体验旅程的终点，本区域也可被称作亲子协作工作坊，旨在让观众品尝到由农产品制作而成的可口食品以及制作简单的农具模型。西河村保留着诸多食品制作的传统工艺，依循着这些传统制作方法，孩子们可以与父母一同品尝到自己手工制作的板栗饼、猕猴桃干、米糕等，在观念上全面认识农产品从种子到食品的完整过程。

位于室内空间中的条带状的矮桌是重要的元素。根据不同年龄段使用者的使用尺度设计，它的高度既可以作为儿童活动的桌子被使用，用来做手工、面点；也可以作为成人的坐凳。此外，这些矮桌可以拆卸、移动和自由组合。通过移动和自由组合，空间得以产生不同的分隔、变化。

1.定制的模块化家具创造了灵活可变的空间
2.亲子互动体验区
3.家具的组合方式

1
2 | 3

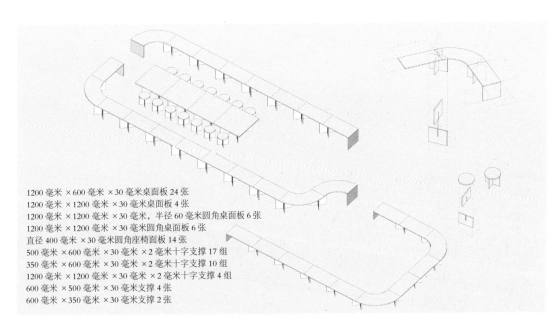

1200 毫米 ×600 毫米 ×30 毫米桌面板 24 张
1200 毫米 ×1200 毫米 ×30 毫米桌面板 4 张
1200 毫米 ×1200 毫米 ×30 毫米，半径 60 毫米圆角桌面板 6 张
1200 毫米 ×1200 毫米 ×30 毫米圆角桌面板 6 张
直径 400 毫米 ×30 毫米圆角座椅面板 14 张
500 毫米 ×600 毫米 ×30 毫米 ×2 毫米十字支撑 17 组
350 毫米 ×600 毫米 ×30 毫米 ×2 毫米十字支撑 10 组
1200 毫米 ×1200 毫米 ×30 毫米 ×2 毫米十字支撑 4 组
600 毫米 ×500 毫米 ×30 毫米支撑 4 张
600 毫米 ×350 毫米 ×30 毫米支撑 2 张

油空间是在原本榨油作坊基础上的升级。原空间中的古老油车仍然保留在原位置，这个布置与传统的习俗有关。油车由一棵300年大树主干制成，树干粗的一端称为"龙头"，龙头必须朝向水源，也就是村庄中的西河，榨油冲杠撞击的方向要和水流的方向相反，于是油车就有了现在的方位。围绕油车，新布置了半圈坐台，供观者可以舒适、稳定地观看榨油表演。坐台也进一步强化了空间的领域感以及榨油的仪式感。在设计师看来，这种仪式性的生产，或者生产的仪式感才是中国乡村最宝贵的遗产。

与油车相对，空间的另一端布置了商品货架，主要用于销售与茶油有关的产品。早在2013年，项目的一期工作中，设计师就为西河村策划并设计了"西河良油"的商标。但遗憾的是，当时的西河村对于茶油的经营并不擅长，因此有机茶油的产业发展并不理想。本次空间升级正是希望将产业思路延伸下去，进一步将空间与经营、空间与产业结合在一起，使游览、观赏、体验和产品融为一体。

1. 油空间
2. 放置在博物馆内的古老油车
3. 孩子们体验榨油工艺

	1	
2	3	

总体设计复活传统乡村
——福建省建宁县溪源乡上坪村

图：上坪村水口区域改造后全貌

项目地点
福建省三明市建宁县溪源乡上坪村
业主
溪源乡人民政府
建筑设计
三文建筑 / 何崴工作室
主持建筑师
何崴

团队成员
赵卓然、李强、陈龙、宋珂、汪令
哲（实习）、陈煌杰（实习）、赵
桐（实习）、叶玉欣（实习）
照明设计
清华大学建筑学院张昕工作室
设计时间
2016 年

建成时间
2017 年
场地面积
3200 平方米
总建筑面积
420 平方米
摄影
金伟琦、周梦

凤形山

司马第

飞峰山

得水园

大夫第

笋榨及棚架

莲舍

圈里

赵公庙

响狮地

圈外

雨林第

Lianshe

村部

杨家学堂

静雅

广悦

虎形山

烤烟房

彩云间

廊亭

社祖庙

荷塘

杨氏家庙

朝山

上坪村，地处福建省三明市建宁县溪源乡，是中国传统村落，福建省历史文化名村。上坪村自宋代建村，文化底蕴深厚，大部分村民为杨姓，至今仍保留宗族单元，是客家山村、客家宗族文化的典型代表。村庄空间格局完整，两条溪流绕村，并在村口汇聚，形成完整的风水格局；现存建筑多为明清时期民居，村中有多处建宁县文物保护单位，如杨氏家庙、社祖庙等；此地耕读传统浓厚，据传著名教育家朱熹曾在此地讲学，并留下墨宝。然而随着现代交通的变更及传统产业的衰败，上坪村人口流失情况严重，传统技艺面临失传的危机。上坪村的发展处于一个前所未有的关键时刻，或由于村庄缺乏活力和公共生活进一步没落，或可成为探索古村落复兴新模式的契机。

本次改造设计旨在为古村注入活力、改善民生，并为古村提供新的产业平台；进一步重塑古村落社区形态，传承低技的传统建造技艺，增强宗族联系与社区认同感，建立历史保护与当代需求、本地传承与外部介入的纽带，从而实现古村落在形式及功能上的适应性转变，形成古村落复兴的新模式、为中国的各地乡村复兴提供参考。

作为试点的3个区域分别为水口区域、杨家学堂区域和大夫第区域。水口区域的改造建筑包含供休憩及祭拜的廊亭、烤烟房内部的艺术装置以及杂物棚改造的彩云间水吧；杨家学堂区域包含供本地人阅读的乡村图书馆静雅及面向游客的乡村书吧广悦，两栋建筑均改造自牛棚与杂物间；大夫第区域包含由猪圈改造而成的圈里酒吧，由杂物棚改造的茶室莲舍、圈外会议室以及原本用于放置农业设施笋榨，如今作为重要开放与体验空间的棚架广场。

在建筑风格上，不刻意复古而是因地制宜，在在地性、乡土性的基础上，强调当代性、艺术性和趣味性。此外，在空间营造的基础上，强调后续的有效经营和与原有农业和手工艺的结合，乡村文创产品的跟进，以及相关的宣传推广，形成从产业规划到空间营造，再到旅游产品和宣传推广的融合设计。

改造后，上坪村的3个节点区域重建了公共空间和社区中心，对鼓励当地村民参与当地文化和公共活动起到了积极作用。

图：上坪村手绘地图

上坪古村复兴计划——水口区域

场地情况：位置重要，急需改善

水口区域是古村的村口，也是村民祭拜祖先、神灵的地方。村口原有建筑包括：社祖庙、杨氏家庙、廊亭以及烤烟房和杂物棚；古桥、玉兰树、荷塘是村口主要的景观元素，它们与古建筑一起构成了该区域的基本风貌。

除社祖庙、杨氏家庙外，原有建筑并不理想。廊亭是1980年代农民为了把守水口区域（因为当时修建机动车道，破坏了原有的风水格局）而草草兴建的，主体结构为毛石垒砌，厚重、粗劣，且封闭的形态既不利于内部的使用，又阻隔了入村时候的视线，急需改造。烤烟房和杂物棚位置显眼，但长期闲置，也是消极的元素。

1. 上坪村村口区域
2. 水口区域总平面图

$\dfrac{1}{2}$

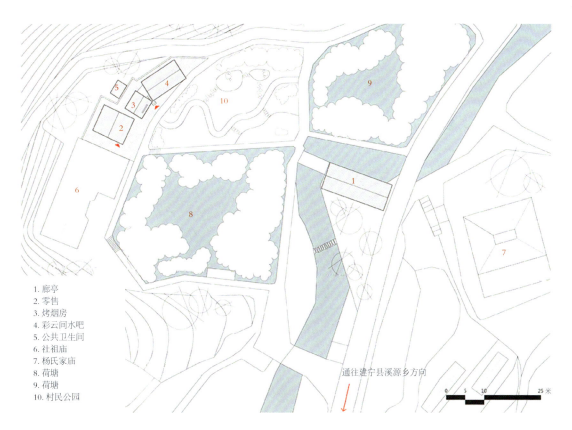

1. 廊亭
2. 零售
3. 烤烟房
4. 彩云间水吧
5. 公共卫生间
6. 社祖庙
7. 杨氏家庙
8. 荷塘
9. 荷塘
10. 村民公园

通往建宁县溪源乡方向

0   5   10   25 米

144

此区域是进入上坪村的门户，也集中了若干古迹和景观元素，但缺乏旅游服务设施供游客歇脚、餐饮。原廊亭位置非常重要，它既是入村第一眼看到的构筑物，也是连接杨氏家庙和社祖庙的中间点，但原有建筑无法满足这些诉求，急需改善。此外，如何将场地中的闲置建筑进行整合再利用也是此次工作的重点。

在改造手法上并不刻意追求复古的形式，也不使用过于现代、城市化的形态。村口节点的几个新建筑希望在保持在地性的同时，在局部呈现新的气象，从而使新建筑身兼古与新的双重个性。

1 | 2

1 上坪村村口区域空间关系图
2. 上坪村村口区域鸟瞰

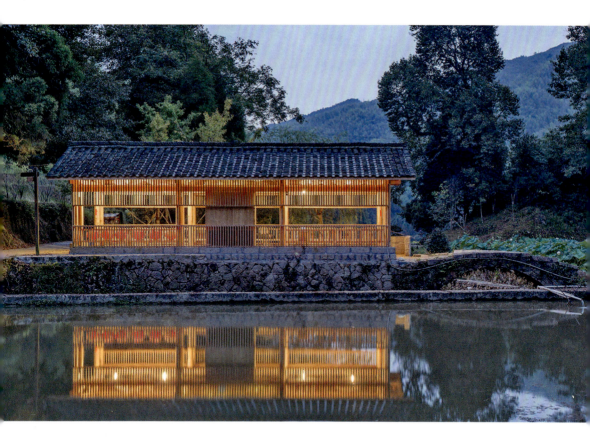

廊亭，精神延续、形式升级

将原有的封闭的毛石廊亭拆除，用木材重新塑造一个新的、更为通透的廊亭。它既要满足阻隔视线，锁住水尾的传统格局，又必须让坐在廊亭里的人可以看到周边的景色、过往行人。设计师在采用传统举架结构的基础上，对外立面进行了大胆改良，利用格栅形成半通透的效果，并在半高的位置开了一条通长的"窗"，形成框景。这种形态乍看很现代，但细看又能从中看到唐宋时代中国建筑的影子，也从另一个角度回应了上坪村传说中可以追溯到宋代的历史。廊亭中当地居民自发供奉的神像被妥善地保留好，并重新安置回新建筑内原有的位置上，设计师希望通过对原有信仰的尊重，使新廊亭与老廊亭建立一种传承关系，也让当地人更容易接受这个村中的新成员。灯光的处理，进一步加强了廊亭作为村口精神性的符号功能。夜晚，从远方归来的村民可以在很远的地方就看到廊亭中的灯光，它引导着人们回家的方向。

1. 新廊亭
2. 廊亭内景
3. 廊亭原貌

1	2
3	

彩云间水吧，给老村子点儿颜色

建在原来场地中杂物棚的基地上，它是一个不大的小房子，基本保持了当地的棚架格局，半高架约1.5米，人在其间，可以从高处俯视面前的荷塘，从而完成村庄整体格局中的"观水"主题。建筑的功能是水吧，设计师希望它成为村口供人歇脚的场所。因为空间不大，所以内部格局不复杂，就是一个简单的方盒子。面向村庄的立面，采用了中轴的木窗板，使内外空间形成灵活多变的可能性。窗板并没有墨守成规，而是将一侧油漆成七彩的颜色，这样无论是远观，还是在室内，建筑都平添了一抹妖媚。设计师希望，这个新的服务设施能为古老村庄带来一点儿戏剧性的"冲突"。

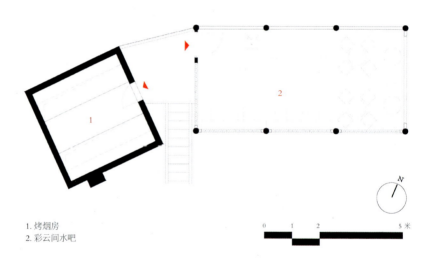

1. 烤烟房
2. 彩云间水吧

1. 烤烟房及彩云间水吧平面图
2. 立面图
3. 彩云间水吧、烤烟房与社祖庙、风水山
4. 鸟瞰

1	3
2	4

1.从彩云间水吧向外看
2、3.灵活多变的木窗扇立面
4.彩云间水吧立面变化

烤烟房，艺术装置重构场所精神

作为当地农业的传统工艺遗存，烤烟房具有一定的旅游观赏价值，可以满足城市人对传统制烟工艺的好奇。但设计团队并不希望把改造工作停留在原有工法的简单再现上，一种艺术的手法被引入，通过一个光和色彩的装置，烤烟房被塑造成对中华农耕文明及与其紧密相关的太阳的歌颂。阳光被分解和强化为彩色的光，从天窗照入室内空间，奇幻的光影效果为简单的空间提供了浪漫的色彩。设计师希望这里成为一个仪式性的场所，通过表达太阳和阳光的艺术装置，现代人可以反思人与自然的关系。

1. 烤烟房内部的艺术装置
2. 日光被分解为彩光
3. 烤烟房内部

153

1	2
	3	4

1. 装置细部
2. 彩色光在空中的调和变化
3. 装置测试过程
4. 烤烟房彩虹装置概念剖面

上坪古村复兴计划——杨家学堂区域

杨家学堂节点位于上坪村两条溪流的交汇处，是入村后的道路分岔口，地理位置非常重要。此处有杨家学堂，相传朱熹曾在这里讲学，并留下墨宝。选择在这个地点进行节点改造设计，既考虑了旅游人流行为的需要，也照顾到了上坪村的历史文化。

改造对象是杨家学堂外面的几间废弃的农业生产用房。它们是杂物间、牛棚和谷仓。设计团队希望将原来的建筑改造为一个书吧和图书馆，一方面为外来的观光者提供一个休息和了解村庄历史文化的地点，更为重要的是为当地人，特别是孩子提供一个可以阅读，可以了解外面世界的窗口，并为重拾"耕读传家"的文化传统提供了支点。

1. 杨家学堂
2. 杨家学堂节点总平面图

$\frac{1}{2}$

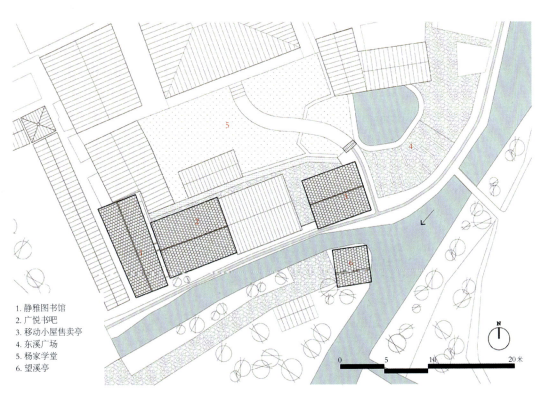

1. 静雅图书馆
2. 广悦书吧
3. 移动小屋售卖亭
4. 东溪广场
5. 杨家学堂
6. 望溪亭

157

广悦，开放，活跃

在前期的踏勘中，设计师发现现有的杂物间和牛棚在空间上有很大差异。杂物间相对高大，内部空间开放；而牛棚则正好相反，因为原有功能的需要，空间矮小，黑暗，几个牛棚之间由毛石分隔，此外牛棚上面还有一个低矮的二层用于存放草料。

空间的差异和"瑕疵"带来了空间改造的困难，同时也为改造后的建筑叙事提供了戏剧性元素，这正是改造项目有趣的地方。利用原有空间的特点，设计团队将新建筑定义为"一动一静"两个部分。

"一动"是利用杂物间改造的书吧的售卖部分，这里相对热闹，拿书借书，买水喝水，以及设计团队专门为上坪村创作的一系列文创产品都在这里集中展示、销售。这里是上坪村对外的一个窗口，外来人可以在这里阅读上坪村的"前世今生"；村里人也可以透过物理性的窗口（建筑朝向村庄一面采用了落地玻璃，将书吧和村庄生活连着一起）和心理的窗口和外面的世界进行对话。大家称之为广悦。

1. 杨家学堂区域原貌
2. 改造后的杨家学堂区域
3. 广悦与静雅两部分

原有建筑朝向溪流一侧是封闭的毛石墙，开窗很高，但溪流和对面的田园景观又是希望引入书吧的。设计师并没有降低原有窗口，而是在室内加设了一个高台，人们需要走上高台才能从窗口看到外面。这样做一方面尊重了原有建筑与溪流、道路、村落的关系，保持了建筑内部和溪流之间"听水"的意境，另一方面也满足了人们登高远望的要求，也丰富了室内空间。建筑面向村庄的一侧，原有的围墙已经倒塌，设计师利用一面落地玻璃来重新定义建筑与村庄的邻里关系，也改善了原有建筑采光相对不理想的问题。

静雅，安静但不寂闭

"一静"是读书、静思的空间，称之为静雅。它由牛棚改造而成。设计师认为原有建筑最有意思的空间模式是上下两层相互独立又联系的结构：下面为牛生活的地方，由毛石垒筑而成，狭小、黑暗；上面是存放草料的地方，木结构，同样狭小，相对黑暗；上面的"木房子"是直接放在下面的石头围子墙上的，它们之间在物理流线（上面的空间不会通过下面的空间进入）上是分离的，但在使用逻辑（牛吃草）上是关联的。

1. 静雅图书馆
2. 广悦书吧
3. 传统民居

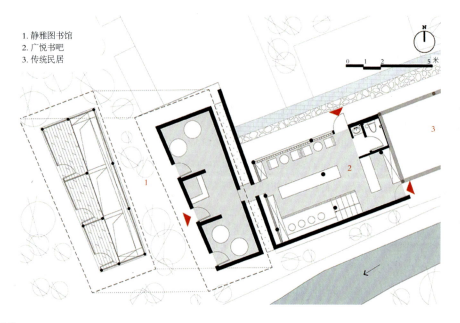

160

1. 书吧平面图
2. 广悦书吧室内
3. 设计师在室内加设了一个高台，可看到风景

1 | 2
- | 3

1. 从老民居看新建筑
2. 广悦书吧室内
3. 剖面图

沿用了这个空间模式，但将上面的"木房子"稍微抬起，一方面增加下面空间的高度，另一方面将阳光引入原本黑暗的牛棚，这里将成为阅读者的新窝，安静、封闭，不受外部的干扰，唯一能打扰你读书的是从两层空间之间缝隙射入的一缕阳光。原有的毛石墙面被保留，懒人沙发被安置在地面上，柔软对应强硬，温暖对应冰冷，"新居民"对应"老住户"，戏剧性的冲突在对比中产生。二层的草料房被重新定义：原来的3个隔离的空间被打通，草料房的一半空间被吹拔取代，在吹拔空间与新草料房之间采用了阳光板隔墙，形成了半透明的效果；草料房仍然很低矮，进入的方式也必须从户外爬梯子而入，很是不舒服，但这也是设计师有意为之。设计师希望这里的使用回到一种"慢"的原始状态，有点类似苦行僧的状态，使用者需要小心地体会身体与空间，把都市的张扬收起，在读书中反思人与自然、人与环境的关系。

这种"慢"的要求也同样反映在"一静""一动"两个空间的连接位置上。一个刻意低矮的过道被设计出来，成年人需要低头弯腰慢慢通过。设计师希望通过这种空间的处理暗示"谦逊"这一中国民族的传统美德：低下头，保持敬畏。

1.图书馆低矮的入口
2.静雅的"木房子"被稍微抬起，将阳光引入
原本黑暗的牛棚

1 | 2

1 | 2

1. 人需要爬梯子进入二层空间
2. 二层阅读空间

上坪古村复兴计划——大夫第区域

上坪古村复兴计划中最后一个设计区域位于村落较深的位置，是贯穿村落的两条溪流中东溪上游的重要节点。这里最重要的标志是名为"大夫第"的宅子，相传这里的主人曾在外面做官，回乡后在故里建造了这座大宅。大宅的口楼还保存完好，但里面的主体建筑已经因为早年间的一场大火被焚毁，甚是可惜。设计区域内原有文化元素、景观元素丰富：水塘、古井、笋榨、大夫第门楼、古戏台遗址等；同时，也存在若干闲置的构筑物，如猪圈、杂物棚等。有趣的是，猪圈和杂物棚的位置极为显眼，占据了场地中视觉和景观的焦点位置。这种现象在古村落中常有发生，也为村庄的改造，新业态的植入提供了有利的条件。

独特的位置和文化、景观条件决定了这里必然会成为人群聚集的地点，而正如上坪村普遍存在的问题一样，缺少休憩、餐饮等旅游配套设施严重影响了村庄旅游，及相关产业的发展，也进而不利于村庄经济的复苏。针对这个问题，设计团队希望通过对闲置农业生产设施的改造，植入新的业态，留住人流；与空间改造同步，一系列与古村相关的文创产品和旅游活动内容也被一起考虑。在设计团队看来，乡村振兴本就不只限于空间的改变，更应该涉及经营和产业。

1. 大夫第区域全景
2. 大夫第区域总平面图

$\dfrac{1}{2}$

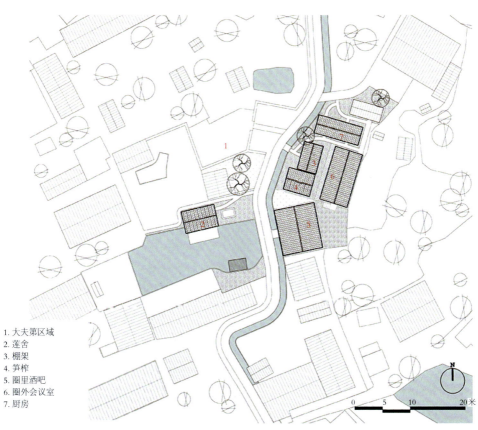

1. 大夫第区域
2. 莲舍
3. 棚架
4. 笋榨
5. 圈里酒吧
6. 圈外会议室
7. 厨房

圈里和圈外，围绕猪圈展开的改造

由废弃猪圈改造的酒吧——圈里是区域内最主要的新建筑。建筑的外观并不张扬，尽量保留了原有建筑的材质和形制：毛石围挡和木构屋架。在内部，建筑的平面成田字形，田字的4个区域是原来的猪圈，设计保留了原有猪圈的毛石围墙，将吧台、散座和炕桌分别置于4个原本的猪圈中。慵懒、戏剧性是酒吧圈里希望传达的气氛，撞色和碎花的靠枕、炕桌、石槽，由钢筋条焊成的走廊地面，配以可变色的LED地灯……设计师希望在古村中创造一个"异类"，它可以服务到村里来的年轻人群体，增加上坪旅游的丰富度。

在圈里酒吧的旁边，新建了一座小型会议室。建筑成单坡顶，朝向大夫第门楼的一面使用了落地的大玻璃，与大夫第门楼，以及两者之间的古戏台遗址形成了很好的对视关系。因为和圈里酒吧相邻，设计师将之取名为圈外。会议室和酒吧分别服务不同的人群，但都从不同的角度补充了古村对外服务不足的问题。

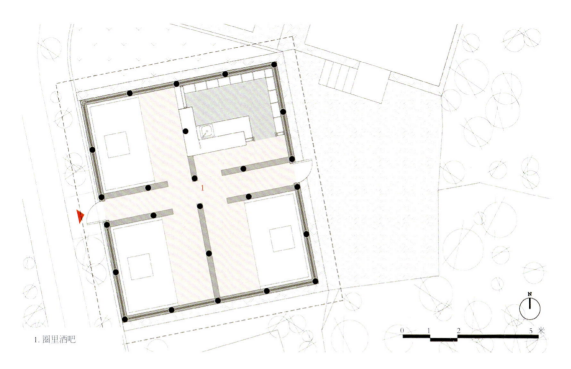

1.圈里酒吧

1.圈里酒吧与笋榨立面图
2.大夫第区域原貌
3.圈里酒吧平面图
4.圈外会议室与笋榨平面图

$\dfrac{1}{2}\ \dfrac{3}{4}$

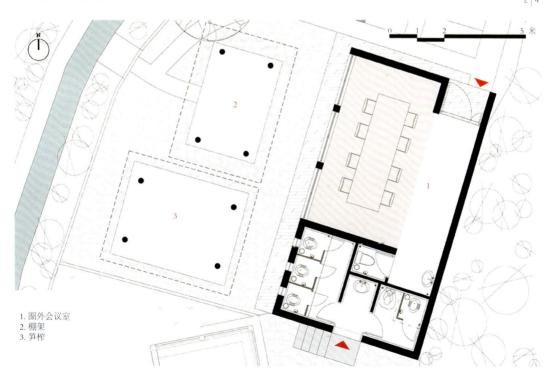

1.圈外会议室
2.棚架
3.笋榨

|1|3|
|2|4|

1. 夜景鸟瞰图
2. 圈里酒吧外观
3. 圈里酒吧炕桌区域
4. 圈里酒吧散座区域

1.保留了原有猪圈内的毛石围挡

2.圈外会议室

$\frac{1}{2}$|3

1. 莲舍原貌
2. 莲舍平面图
3. 莲舍外观

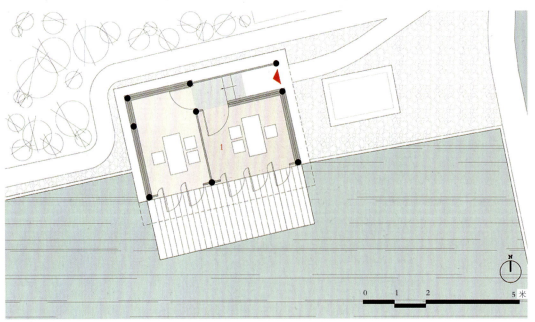

0 1 2   5 米

1. 莲舍

莲舍，由杂物棚改造的茶室

莲舍是杂物棚改造的茶室，也暗示了"廉洁"之意。原本的杂物棚位于大夫第区域旁边的一个水塘边，水塘的存在使杂物棚成为区域内最显眼的视觉焦点。设计保留了原有建筑的毛石围挡，只对上层的木结构进行了整修，将之改造为一个水边的茶室。原有的老木材被尽量保留下来，重复使用；在朝向水面的一面，落地门窗和架在水上的平台加强了建筑与水景的关系，也给新的使用者一个临水而居的感觉。水塘内的景观也被重新梳理，原本半闲置的状态被新的景观元素——荷花所替代，从而与新改造的茶室向呼应。

戏台和笋榨，重塑乡村生活

在大夫第门楼、圈里酒吧和圈外会议室之间，原场地中有两处棚架，它们原来的用途是用于榨笋，制作笋干。设计师认为它们的存在很好地诠释了乡村的气氛，于是棚架被保留下来，适当地进行整修，但力求保持一种搭建的随意性。安放笋榨的棚架仍然作为制笋的空间（遗憾的是原来的笋榨农民不肯留下，只能从别处移来另一架笋榨），在清明前后，它仍然可以进行生产，同时也为村庄的旅游提供了一种体验活动。另一座棚架的用途进行了调整，平时它可以作为一个凉亭被使用；在特定时间，它又会变身为乡村传统戏剧的看台，而舞台就在大夫第门口。

1.大夫第节点场地中原有笋榨
2.修缮后的制笋空间和凉亭
3.村民观看乡村传统戏剧

2
1 | 3

文创产品，传统文化的产业转化

设计师利用上坪村原有的文化历史传说、传统进行乡村文创，打造一系列专属于上坪村的乡村文创产品和旅游纪念品。如利用朱熹的对联创作的书签、笔记本；提取上坪村的历史、文化、建筑、农业特点设计的上坪古村的商标，以及由此延伸的文化衫、雨伞等。这些文创产品既传承了上坪村的历史文化，又为村庄旅游提供收入。

1.上坪古村商标
2.环保袋、雨伞、明信片、手绘本
3.杨家学堂书签
4.上坪莲子

1	3
2	4

除了特别为上坪莲子、笋干设计的包装外，一个由圈里酒吧衍生出来的以猪为主题的系列产品显得尤为突出。猪在中国传统中是富足的象征，在汉字中"家"字下面的"豕"字就是猪的意思，在西方文化猪也有吉祥、幸运的意思。设计师以猪为造型设计了一组产品，包括丝巾、杯垫、明信片等等，它们一方面对应建筑的原始用途，另一方面又增加了趣味性。

圈里系列产品

圈里系列产品

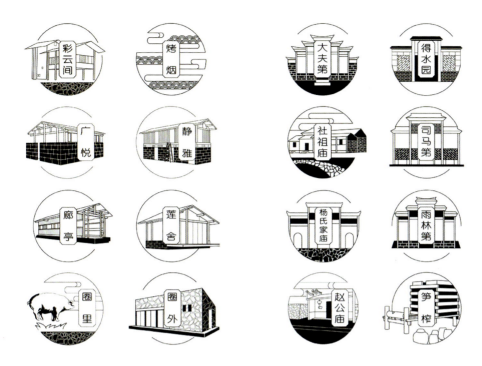

1、2.圈里酒吧的衍生产品
3.为主要建筑设计的图章
4.以猪为主图的丝巾

| 1 | 3 |
| 2 | 4 |

上坪古村主题围巾

胶东传统民居的多样再生
　　——山东省威海市张村镇王家疃村

图：王家疃村鸟瞰效果图

地点
山东省威海市环翠区张村镇王家疃村

业主
山东省威海市环翠区张村镇政府

建筑设计
三文建筑 / 何崴工作室

主持建筑师
何崴

团队成员
陈龙、张皎洁、桑婉晨、李强、吴礼均（实习）

驻场代表
刘卫东

软装顾问
白冰

设计时间
2017—2018 年

建成时间
2018 年

建筑面积
拾贰间美学堂：580 平方米
白石酒吧：120 平方米

柿园民宿：480 平方米
琴舍：420 平方米

合作单位
北京华巨建筑规划设计院有限公司

摄影
金伟琦、何崴、陈龙

王家疃村位于山东省威海市环翠区张村镇,距离市中心约30分钟车程;村庄属于里口山风景区,是入山的山口之一,地理位置便利且重要。村庄位于一个东西向的沟谷中,南北高,中间有溪流穿村而过;村庄形态狭长,周边自然生态完好,农业景观资源丰富,村东侧有一座近年来复建的庙宇——广福寺,香火颇旺。村庄聚落原始结构完整,保留有大量的毛石砌筑的传统民居,以及拴马石、门头、石墩等携带历史信息的物品,是典型的胶东地区浅山区传统村落。

王家疃村现状已具备一定的旅游基础,在周末或者开花季节,威海本地居民会来此处踏青观光;村中也已经有一些旅游配套设施,但规模小,不系统,且空间条件相对较差,业态也以农家乐为主,缺乏层次和影响力。

作为里口山区域"美丽乡村"项目的一个重要组成部分,规划中将王家疃村定位为:依托周边自然资源和广福寺人文资源的中国传统文化与休闲体验村落。村庄未来业态将围绕亲子休闲体验、国学文化展开,并以"孔子六艺"(礼、乐、射、御、书、数)和"君子八雅"(琴、棋、书、画、诗、酒、花、茶)为主要经营主题。

在工作思路上,设计团队从产业策划入手,到空间节点的设计,再到文化的挖掘,是一个总体设计。具体的规划和建设工作分为几个部分:
第一,环境整治,提升风貌,在村庄原有肌理的基础上,对村落结构进行了梳理,对村庄景观,特别是水系进行了改善和提升,对部分带有典型胶东民居特色的民居进行了整理和修复;

第二,改造建筑,打造亮点,在村庄中选取多个建筑,根据建筑特点进行改造,形成具有王家疃村独特性格的,具有传播力的空间节点,如拾贰间美学堂、白石酒吧、琴舍、柿园民宿等;根据村庄整体定位,赋予空间节点以合适的使用功能,服务本地居民和外来宾客;

第三,引入社会资本,多元发展,通过政府前期工作,完善村庄基础设施和节点的方案设计,之后引入社会资本,形成良性互动,完成乡村振兴;

第四,文创跟进,丰富服务,结合王家疃自身特点,结合本次工作中的建筑改造和未来业态,设计一系列文创产品,服务未来的旅游休闲服务。

图:柿园民宿

拾贰间美学堂

拾贰间美学堂,是王家疃项目整体工作的重要组成部分,也是"孔子六艺"主题的载体之一。它是一个老建筑改造项目,原建筑是典型的胶东民居形制,瓦顶、毛石外墙,它曾作为乡村小学教室使用,但改造前已经闲置。因为有十二开间,当地人称之为"十二间房"。原建筑分为3个独立的部分,分别为六开间、三开间和三开间;"十二间房"沿街一字排开,形成了区域的主要街道立面,也定义了村庄的主要风貌。建筑背身毗邻一崖壁,且与崖壁之间形成三角形空地;崖壁山石形态奇峻、自然,很有中国传统美学意境。建筑东侧为村内近年加建的公共卫生间,形象欠佳,且使用率不高。

1.改造后的建筑正立面
2.平面图

$\frac{1}{2}$

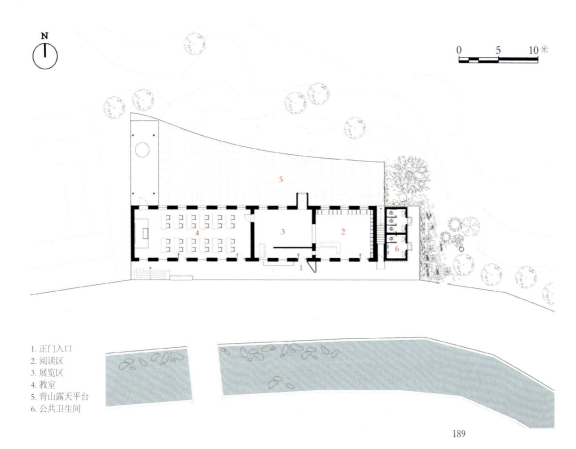

1. 正门入口
2. 阅读区
3. 展览区
4. 教室
5. 背山露天平台
6. 公共卫生间

设计宗旨，保留原貌，适度改造

因为建筑地域特征鲜明，且保留完好，建筑质量也较好，所以设计团队希望在保留原有建筑风貌的基础上，对建筑适度改造，使之适应新的使用功能，并具有时代气质。以老为主，老中有新，新老共存是本项目的设计主旨。

在功能方面，新建筑将作为乡村美学堂被使用。原本隔绝的3个空间被打通，整体空间被分为教室、展览区、阅读区3个部分。其中教室区域相对私密，与展览区和阅读区域有门分隔；展览区和阅读区是新建筑的公共区域，开放、通透但又有层次，呈现出欢迎公众姿态的同时，又尽量保留原建筑厚重的民居特征。

建筑的流线跟随功能进行重新梳理，被重新设计和定义的主入口被安排在展览区，设计师采用了黑色钢板，建构一个半露天的门头，一方面给予了建筑入口标志性，另一方面新旧的对比又进一步提示了两个独立的建造年代。

1. 从白石酒吧入口望向抬贰间美学堂
2. 新门头与旧建筑对比，提示了两个独立的建造年代
3. 建筑原貌

$\frac{1}{2}$│3

室内，连通空间，新旧共存

展览区不大，空间也相对单纯，"白盒子"的处理模式更有利于未来展品的布置和展示，入口的"影壁"既适当阻隔视线，又为前言和展墙提供了依托。在展厅北侧外墙开一个洞口，将原来封闭的室内空间与建筑背侧的山石形成对视，材料也使用黑色钢板，与南侧的入口遥相呼应，暗示了新元素的贯穿性，以及设计师希望将人引向建筑背后山石区域的意图。

展览区的一侧是阅读区，两个区域之间由双坡顶建筑剖面形的哑巴口（无门的洞口）分隔。阅读区布置有书架和展桌，用于摆放与区域和国学有关的书籍和文创产品。北侧墙面结合原有的窗户，将书架与座椅一起设计，形成了人、建筑与物品之间的契合关系。原建筑的屋顶被保留，并部分暴露，结合新的室内饰面材料，形成新旧对比和明暗对比。

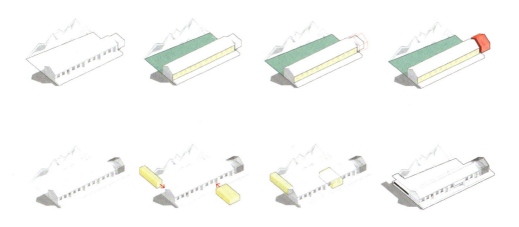

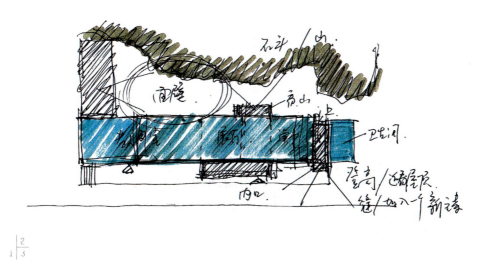

1.建筑入口
2.建筑体块生成图
3.设计草图

1. 展览区和阅读区两个区域之间由哑巴口（无门的洞口）分隔
2. "白盒子"的处理模式更有利于未来展品的布置和展示
3. 入口的"影壁"既适当阻隔视线，又为前言和展墙提供了依托

1. 阅读区
2. 家具与空间一体化设计
3. 教室
4. 施工过程

后院，巧借山石，建构洞天

建筑的外部环境也是改造的重要组成部分。面向街道的一侧，建筑与街道之间的不规则用地被规整，利用高程形成了一个高于路面的平台，使用者可以在平台上闲坐、休息、观看、交谈，但不受交通的干扰。

建筑背侧的外部空间是本次设计的一大发现，原本这里是被遗忘的角落，村民在这里养鸡。在踏勘中，设计师发现建筑背后的山石很具审美价值，而且山石和老建筑之间的"缝隙"形成了天然的"内观式"空间，符合中国传统修身的意境。于是巧妙设计利用了这个"背身"，将地面平整，铺设防腐木；山石不做任何改动，只是将其展现在此，作为"面壁"的对景；一个与原建筑垂直的半开放亭子被安置在背后区域的西侧，作为该区域的界限，也为后续使用提供了相对舒适的空间。

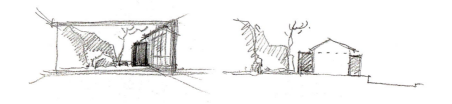

1. 设计草图
2、3. 施工过程
4. 新建亭空间
5. 山石和老建筑之间的"缝隙"形成了天然的内观式空间

| 1 | 4 |
| 2 | 3 | 5 |

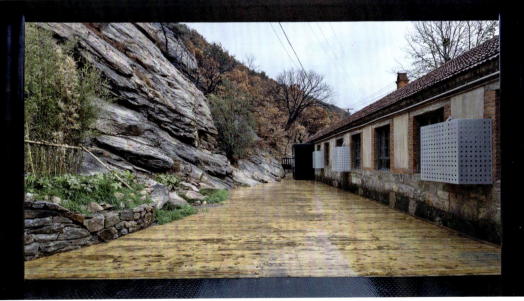

公共卫生间，变换形态，完善立面

原建筑东侧的公共卫生间是设计必须解决的问题之一。不能拆除，但又有碍观瞻，怎么办？设计师用了巧劲，利用方通格栅将公共卫生间罩起来。格栅构建的尺度、形式来自旁边的"十二间房"的剖面轮廓，于是低矮简陋的公共卫生间变身为拾贰间美学堂的延续。黑色格栅的处理既延续了旁边主体建筑的尺度，也延续了整个项目改造的手法。公共卫生间与拾贰间美学堂之间的缝隙被利用起来，一个仅供一人通过的楼梯被安置在此处，一个略微凸出建筑立面的小观景台与之相连，为公众提供了一个登高远眺和近距离观察原建筑屋顶的地点；卫生间屋顶也被利用起来成为可以暂时驻足的屋顶平台，它与楼梯、观景台一起形成了建筑外部的小趣味。

1.利用方通格栅将公共卫生间罩起来，使低矮简陋的公共卫
生间变身为拾贰间美学堂的延续
2.方通格栅将公共卫生间隐藏起来

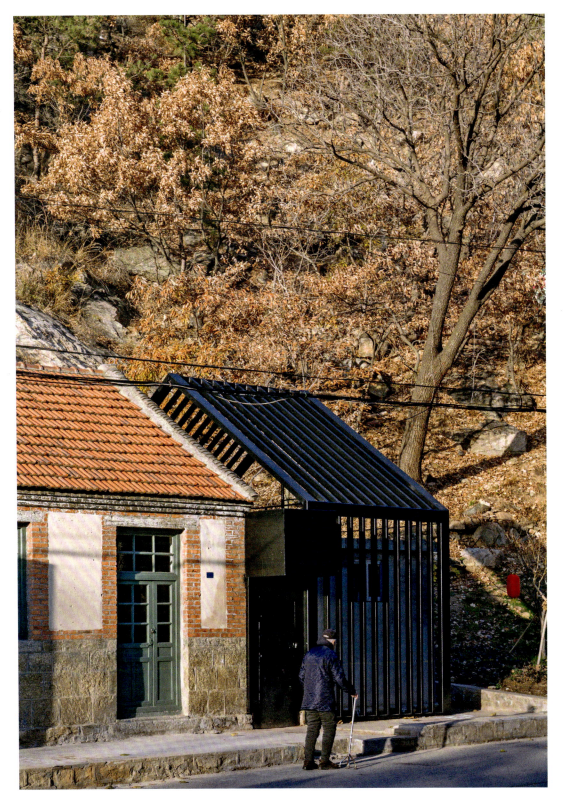

白石酒吧

白石酒吧由王家疃村中的一座普通民房改造而成。建筑本体并没有过多特征，吸引设计师的是它所在的位置和与环境的关系：建筑位于村口附近，周边建筑多为老民居，毛石墙体，厚重朴拙，且建筑与建筑之间彼此连接，密度很高。与老建筑不同，原建筑并不是传统形式，体量不大，一层，最初为平顶，后因为风貌整治原因加建了坡屋顶；墙面刷有白色涂料，这与周边厚重的气氛显得"格格不入"。建筑和其他建筑不连接，保持一定的距离，具有很好的视距。更为独特的是，建筑依溪流而建，挑出的外挂廊更是跨在水面上，轻松、飘逸，具有很强的识别度。这些特点都给建筑改造提供了灵感，此外，闲置的状态也保证了改造的可实现性。

白石酒吧

1. 改造后的建筑北立面
2. 平面图

$\frac{1}{2}$

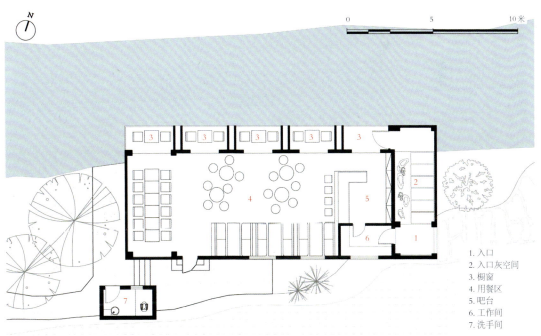

1. 入口
2. 入口灰空间
3. 橱窗
4. 用餐区
5. 吧台
6. 工作间
7. 洗手间

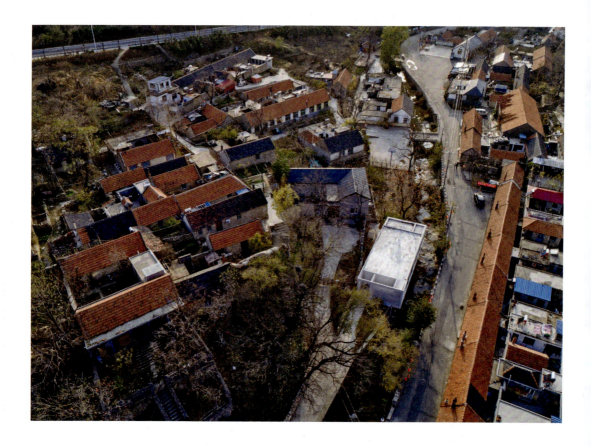

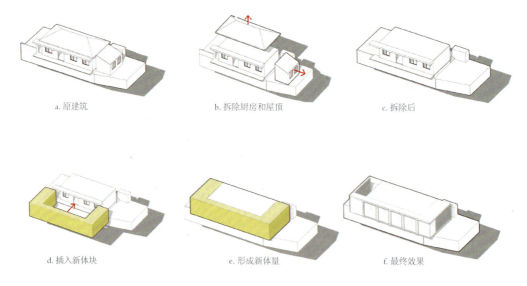

a. 原建筑　　　　　　　　b. 拆除厨房和屋顶　　　　　　c. 拆除后

d. 插入新体块　　　　　　e. 形成新体量　　　　　　　f. 最终效果

1. 白石酒吧鸟瞰
2. 建筑形体生成
3. 完成后的白石酒吧

建筑，不复古，求对比

新建筑的风格不希望复古，相反，设计师说："要是新的！"新建筑应该为老村庄提供不同以往的新气象、新血液，正如它未来将服务的人群一样——年轻、浪漫，甚至在某些时刻有少许的躁动和性感，白石酒吧要成为村口的一道亮丽风景线；同时，它又应是属于王家瞳村的，对原建筑重要信息的保留，体量的控制和外观的"平静"，都确保新建筑在另类之余，和老建筑们可以顺畅地对话、共存。

原建筑的自建性和原真性是设计团队考虑的第一要素，存在即是合理。如何在保持原建筑特征基础上对其进行改造，使其符合当下的功能和形式风貌，是本案设计的关键点。首先是做减法，清理、拆除原建筑加建部分，包含临时搭建的厨房部分及上一轮乡村美化所加建的屋顶，当这些"粉饰品"被彻底清除，显露出来的即是真实的"建筑本质"。然后，是做加法。在乡村的设计实践中，关键的是平衡多方的利益关系，包含居民、政府及运营方。乡村设计需要尊重既有现实及居民的利益，在改造的过程中不能产生使用面积的减少，从而损害居民的利益。遵循此原则，设计团队在房屋的东西两侧各增加一跨新建筑，从而弥补了拆除厨房损失的面积，同时为建筑的入口创造出一个可供缓冲的灰空间。通过"补齐"的手段，强化原建筑因自建而偶然形成的"现代性"的建筑体块。

$$\frac{1}{2}\bigg|3$$

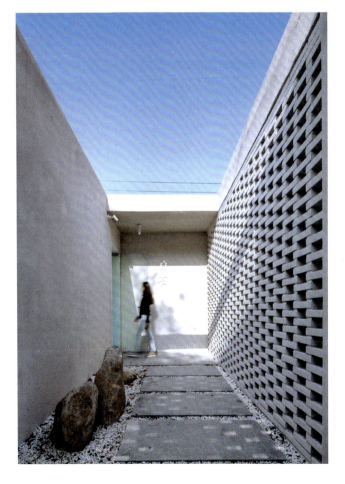

1.白石酒吧入口，用花砖的手法形成半透明的灰空间
2.施工过程图
3.白石酒吧入口灰空间

在此基础上，设计团队对不同建筑立面进行了深入的讨论：朝向河道的一侧，挑出的阳台成为设计团队关注的重点，5个独立的、橱窗式的"盒子"被插入到阳台和挑檐之间的灰空间中，原建筑的牛腿梁被小心地保留、暴露，与新加入的盒子形成咬合。设计有意地将改造后的建筑立面与现代主义经典建筑相呼应，其实原建筑就很"现代主义"。新形成的5个景片式的展示窗口，与隔河相望的传统民居形成戏剧性的"看与被看"关系。通过建筑对古村的"框景"，及古村对建筑内部的"窥视"，创造出一个新旧交流的"非典型"关系。东侧和西侧立面则采用了半通透的花砖，在特定时间会形成有趣的光影效果；同时，花砖的手法，也是民居与新建筑之间的介质，拉近了彼此的距离。

1. 建筑原貌
2. 施工过程图
3. 建筑北立面
4. 建筑北立面

| 1 | 3 |
| 2 | 4 |

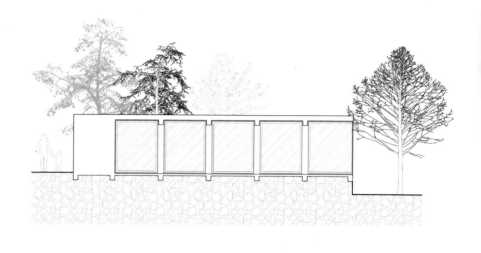

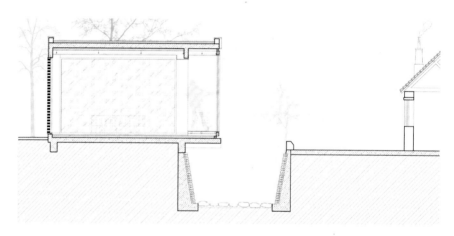

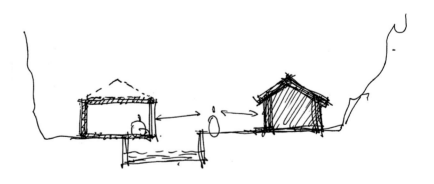

1. 立面图
2. 剖面图
3. 设计草图
4. 借助原来的阳台，建筑出挑于溪流之上

$$\frac{\begin{array}{|c|}\hline 1 \\\hline 2 \\\hline 3 \\\hline\end{array}}{}4$$

气氛，白色基调，彩色点缀

建筑室内设计延续了"白"的设计元素，采用水磨石、镂空砖、白色钢网、原木为主要空间材质，创造质朴的空间气氛。白色成为空间的基底，如同留白，为未来创造了多种可能性。"橱窗"地面采用了不同色彩的油漆，在光线的照射下出现鲜艳的色彩，并反映到白色空间，巧妙地体现出酒吧的活跃气氛。

夜景照明主要以建筑内透光为主，在古村暗环境的笼罩下，内透的方式使建筑内部的活动在主街上很容易被看到，建筑内外活动的"看与被看"关系得以翻转。这样的处理加强了酒吧这一新业态在村中的戏剧性和影响，也使白石酒吧成为村中"夜间生活"的第一聚焦点。

1.光影增加了室内空间的活跃性
2.橱窗空间是聊天休息的不二选择
3.透过橱窗看到的乡村场景

1	2
	3

思考，建筑的真实性与时代性

改造后的白石酒吧依旧保留甚至强化了自己的"个性"，它与周边植被覆盖、小溪穿行的自然环境，厚重朴实的古村人文环境均产生了强烈的反差及对话。如此强烈的视觉冲击力和标志性使得白石酒吧成了王家疃村对外传播的一道难忘印记，成为助力王家疃乡村旅游的重要节点。同时，在设计过程中对于新与旧、"看与被看"、真实性与装饰性的关系讨论，也为当下乡村建设中广泛存在的类似建筑的改造和再利用提供了一个小小的参考。

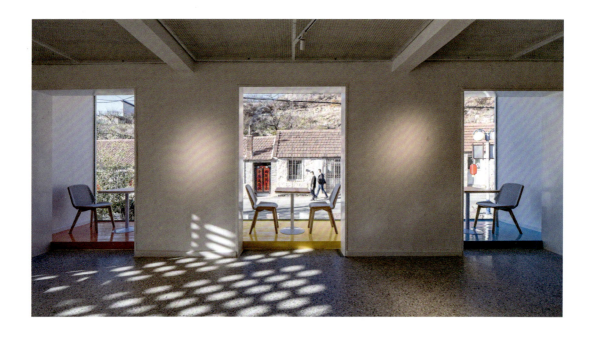

1. 室内的现代感与透过橱窗的乡村生活场景
2. 西侧立面则采用了镂空花砖，在特定时间会形成有趣的光影效果
3. 新形成的景片式的展示窗口，与隔河相望的传统民居形成戏剧性的"看与被看"关系

1. 白石酒吧夜景
2. 色彩模式, 在特定时刻, 可以通过不同的照明模式, 形成不同的气氛
3. 白石酒吧入口立面

柿园民宿

柿园民宿是一个民居改造项目。在设计师接手之前，村里已经请人开始改造，而且已经完成了一部分工程，但因为缺乏设计，且效果粗糙，没有达到业主的期望。

认识场地是设计的开始。中国古人称之为"相地"。设计师发现要改造的两个院落离道路较远，且院落与道路之间有20多米的空地，场地中有大量的果树；两个院落中间有一条直通后山的甬道；后山植物茂密，有柿子树和楸树等高大乔木；临近建筑的位置有一小块农民清理出来的空地，用于堆放杂物。

1.夜色下的庭院
2.平面图

$\dfrac{1}{2}$

218

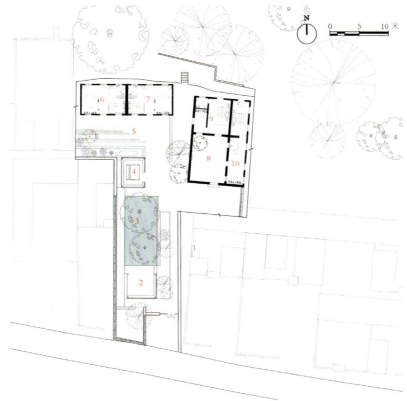

1. 主入口
2. 凉亭
3. 水池
4. 茶亭
5. 庭院
6. 客房 A
7. 客房 B
8. 庭院
9. 套房
10. 客房 C

景观，树、木、山、石、水组成的北方野园

原有建筑为典型的胶东民居：合院形式，但不是标准四合院，一层，只有正房和厢房；深灰色的挂瓦，毛石砌筑的墙体，厚重而华丽。设计师特别喜欢传统砌石工艺带来的手工美感。它与当下粗制滥造的状态形成了鲜明的对比，给人"乡愁"的同时，也唤起了人们对精致生活的遐想。树、山和石成为场地中建筑之外的重要元素，甚至是更吸引建筑师的元素。山是背景，树是前景和重要的景观元素，而石，作为一种人与自然的中介，在建造行为中起着至关重要的作用。

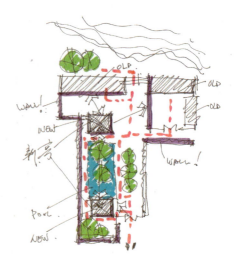

1. 柿园民宿原貌
2. 设计草图
3. 建筑夜景
4. 从水池看茶亭

| 1 | 3 |
| 2 | 4 |

设计希望创造一种北方乡村的"野园"气息。野是指有乡野气息，不是野外；园，不是院，它要有设计，有一定的"文人气息"。因此，在"相地"过程中发现的树、山和石就变得尤为重要，它们都将在新的空间中被"赏玩"，成为园中的主要造景。

改造中，着重保留了场地中的树木。树木成为设计的起点，最初的设计，新加的建筑（民宿的公共配套设施，包括餐饮和后勤服务）避让树木，进而环绕树木形成一个个独立又串联的院落。房、院、人、树之间形成一种正负、"看与被看"的关系。但遗憾的是，因为土地产权问题，最初的方案无法落地；新建筑被迫简化，以景观构筑物——亭的方式出现。

1. 茶亭施工现场
2. 茶亭建造方式采用地方传统建造工艺（垒石和木作）
3. 茶亭，柿园民宿中半室外的休憩空间

1 | 2/3

222

223

"无水不成园"，水可以为空间带来灵气，也可以有效改善小环境的温度和湿度，但北方的冬季寒冷，水景观的处理是个难题。柿园民宿的水景是一片浅水池，大约10厘米深，用金属板围边，夏天它是一面静水池，冬天可以放空，铺上沙子变身游戏场地。水景中的树是场地中原有的，水池在这里被掏空，形成两个圆洞，树木从其间伸出，互不干扰，又彼此成就对方。

茶亭是设计中新增建的内容，两个，分别位于水池的两端，它们为居住者提供了半户外的使用空间，同时也成为空间中的对景和控制点。茶亭并没有简单地套用传统官式形制，而力求当代性和地域性。单坡顶，传统垒石工艺的基座配以木格栅中轴的窗扇，没有古的形式，但有乡野味道。

院墙的处理也采用地域传统工艺，垒石和木栅栏。新垒石和老民居墙体的老垒石，以及原来院墙的虎皮石（垒石加水泥勾缝做法）形成了一种传统工艺的时空对话。建筑背后的山脚下的空地也被整理出来，成为民宿的后院：草地、楸树和秋千，私密、惬意。

1. 在原虎皮墙顶部加上了金属板收边
2. 水池、果树和石墙形成前后呼应的空间关系
3. 夜色下的柿园民宿

225

1│2/3

1. 客房前具有东方色彩的庭院
2. 保留原建筑外立面，在入口处利用钢构件形
成灰空间
3. 施工过程

民宿，保留乡土感，雅俗共存

场地内保留有原始石砌民居两栋，为近年居民自发新建，比村内传统建筑空间更大，空间布局符合村民自住的格局，建筑师从民宿运营的角度对空间布局及流线进行了重新规划。将原有的两栋建筑划分为4个独立的民宿套间，每套套间内均设一个大床及加床，能够满足"亲子民宿"的功能定位。

建筑师并没有刻意保留原有民居灶台、火炕等元素；相反，强化了民宿的公共活动空间，增大了起居室（客厅）的面积，增加了独立的卫生间，并将起居室与休息空间巧妙串联。原有民居外观被完整保留，仅仅在入口增加钢制雨棚及休息座椅，满足新的使用功能要求。室内环境设计在强调舒适性的基础上，强调了新旧对比和乡土性。总体空间材质以白色的拉毛墙面，灰色水磨石地面及橡木家具为主，简单、舒适的室内空间与古朴的外部环境形成反差。

在软装陈设上，设计师选取柿子红作为主要色彩基调，呼应了"柿园民宿"的项目主题，红色作为民间喜爱的颜色也带有吉祥、喜庆的意味，为原本素雅的空间带来跳跃的气氛。在家具的选择上，设计师在当地收集了大量的本土旧家具，例如旧桌椅、板凳、顶箱柜及针车等物件，并运用到空间布置中，增加了民宿空间与本土文化的连接，体现了"乡土民宿"的主题定位。

1. 客房室内局部
2. 客房室内，刻意保留的石墙与老家具，
传达了时间感和地域信息
3. 从客厅看卧室

	2
1	3

琴舍

琴舍是一处民宿，由两套具有当地特色的合院修缮改造而成，它是王家疃项目空间提升计划中第一个完成的，具有住宿功能的节点。

1. 琴舍入口全貌
2. 平面图

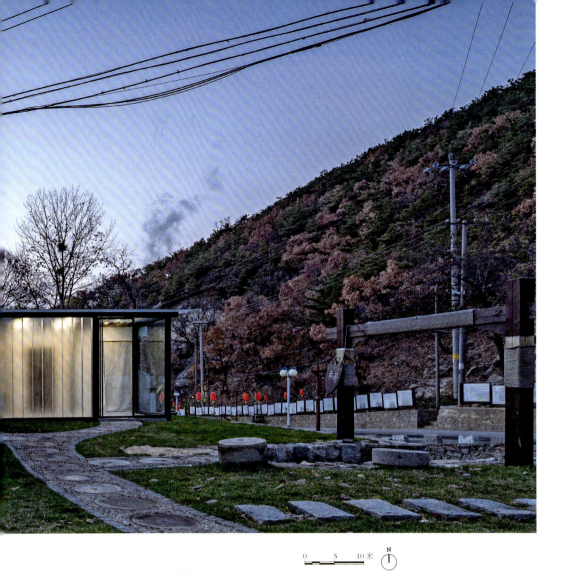

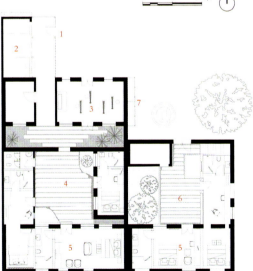

1. 西院入口
2. 前台接待区
3. 琴房
4. 西院
5. 客房
6. 东院
7. 丝带墙

琴舍的前身院落位于王家疃村中部，紧邻村内休闲水系核心节点，原状为相互毗邻的两个独立合院，西院的年代较为久远，主要墙体材质为青砖，两进院，保留有倒座门头、影壁等典型传统民居元素。东院建于1970年代，为单进院格局，东侧有一栋平屋顶厢房，原建筑外观为水泥抹灰墙面，与村落面貌不太协调。

设计团队希望在设计中延续村落总体规划中"孔子六艺""君子八雅"的主题。于是，"乐"成为这个建筑的主题，古琴则作为"乐"的具体体现。

1|3
2|4

1. 建筑原貌
2. 施工过程
3. 建筑入口通道
4. 西院影壁

建筑，戏剧性与趣味性

建筑空间被重新划分：前台接待区、琴房，以及5间拥有独立卫生间的客房被改造出来，形成了一处雅致乡舍。在保留现有院落格局的前提下，设计团队重新梳理了空间流线，在原房屋西北侧新增了轻钢结构的入口空间，有别于厚重的毛石/砖墙立面，新加建部分采用了U型玻璃作为立面材料，既保证了内部空间的采光，还具有适度的私密性。在内透灯光的作用下，空间的内部活动被投射在外立面上，形成迷离的影像，与古朴的原建筑本体产生戏剧化的对比效果。东院的东厢房靠近村落核心景观，设计团队在东厢房顶上增设了观景平台，既满足了使用者的观景和户外活动需求，又增加了空间的高程变化和趣味性。

1.U型玻璃，刻意保留室内被拆除的痕迹
2.厢房立面
3.加建二层观景平台

1 | 2
3

西院的东侧山墙是建筑的主要立面之一，从村庄景观可以清晰看到这里；但原建筑安放有附近8户居民的电表箱，且强弱电线杂乱，这为新民宿的经营带来了麻烦。最初，设计团队希望将电箱移除，但由于工程影响广泛，不可实施，最终设计团队决定在电箱外侧加设一个钢丝网罩子，对原山墙进行一定遮挡。然而，实施之后发现遮挡效果仍旧不理想，钢丝网的密度过低使遮蔽效果微乎其微。怎么办？设计团队必须在有限的条件内快速做出调整。一个"公共艺术"计划被提了出来：设计师购买了大量的红丝带，请村民们将它们绑在钢丝网罩子上。红丝带既遮挡了后面的负面景观元素，又有祈福的意味，结果这个"亡羊补牢"的措施反而使这里成了村中最受欢迎的"景点"，许多游客在这个丝带墙前合影，同时也带动了邻居老伯"同心锁"生意的兴旺，可谓塞翁失马。

$\frac{1}{2}$│3

1. 祈福墙原貌
2. 祈福墙施工过程
3. 完成后的祈福墙

室内，随性与舒适

在室内氛围营造上，设计也对原室内空间进行了调整。在进行了屋面修缮，增加防水保温处理后，设计团队拆除了原室内空间加设的二次装修吊顶，露出了原始建筑极具特色的三角木桁架。空间高度得以增加的同时，舒适度和风貌也得到提升。刻意保留的拆除痕迹，粗糙的黄泥墙面，灰色水泥地面及回收的老木料等元素，构成了略显粗野的空间基底和随性的农舍氛围；与之形成对比的是精细的木作，温暖的壁炉和舒适的家具软装。设计团队希望同时满足使用者视觉和触觉的不同体验：在视觉层面，要随性、野趣；但在人手可触摸的区间内，务必精致、舒适、柔软，给使用者带来良好的体验。这就是琴舍希望给使用者传达的气质。

1. 新设的壁炉
2. 刻意保留室内被拆除的痕迹
3. 客房

1│2

1.古琴房
2.客房

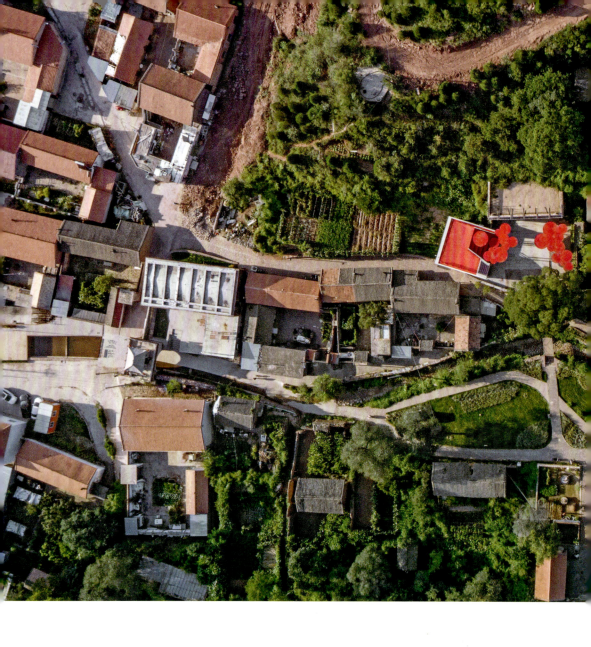

艺术介入与空间叙事
——山西省沁源县韩洪沟老村

图：韩洪沟老村鸟瞰

地点
山西省沁源县沁河镇韩洪沟村
业主
沁源县沁河镇人民政府
建筑、室内、景观设计
三文建筑 / 何崴工作室
主持建筑师
何崴、陈龙
团队成员
梁筑寓、桑婉晨、刘明阳、曹诗晴、
赵馨泽、李俊琪、张浩然（实习）
项目顾问
周榕、廉毅锐

驻场工程师
刘卫东
设计时间
2019 年
建成时间
2020 年
建筑面积
大槐树下的红色剧场：250 平方米
军械库咖啡：170 平方米
造币局民宿：540 平方米
摄影
金伟琦、何崴

项目位于山西省沁源县。村庄位于县城东部城郊接合处，距离县城4千米。村庄始建于明洪武年间，因村中有一条泄洪沟而得名。全村共有138户，人口488人。老村现绝大部分人口已经迁至新村居住，老村中只有4户居民常住。

老村与新村毗邻，村庄原始格局完整，自西向东呈多级台地地形；建筑依地形而建，大致分为土墙双坡顶民居、窑洞两种，平地区域多为双坡顶民居，山坡边以窑洞为主。老村建筑传统风貌保持良好，保留有古树、古护坡等历史痕迹，具有较高的文化价值。此外因为是抗战时期太岳区党政军机关后勤部门的所在地，村庄中还留有多处当年红色记忆的旧址，也为韩洪沟村未来发展提供了支点。

老村绝大部分房屋属于闲置状态，常年无人居住和年久失修使大部分房屋或多或少存在损坏情况；此外，人口的外迁，缺乏产业支撑，也使韩洪沟老村日渐凋敝。如何在保留村庄传统面貌的同时，植入新的产业，拉动村庄经济，改善环境和村民生活质量，增强村庄活力，最终完成乡村振兴，是本次工作面临的挑战和需要解决的问题。

再造计划从空间规划开始，通过选择合适的节点，并对其改造，给予新的功能，完成空间和业态的升级。设计希望将建筑与艺术表达相结合，将某些建筑装置化，以一种轻松的方式改变乡村面貌。曾经的红色记忆也为建筑设计提供了线索，建筑的叙事性成为设计的另一条线索。

图：红色小剧场鸟瞰

大槐树下的红色剧场

项目基地是一个三合院，位于韩洪沟老村中部，地势较高。院落中有一处空置的三孔窑洞，现状保持较好，但厢房、倒座、围墙和院门已经坍塌，只剩下基础的石块。场地中最为重要的元素是院外的大槐树。它已经有数百年的树龄，但仍然枝繁叶茂，如同神灵般守护着村庄。听村里老人介绍，大槐树下一直是村民集会的地方，以前是韩洪沟老村重要的公共空间，也是村庄的精神之地。

1. 夜晚的场地
2. 首层平面图

$\dfrac{1}{2}$

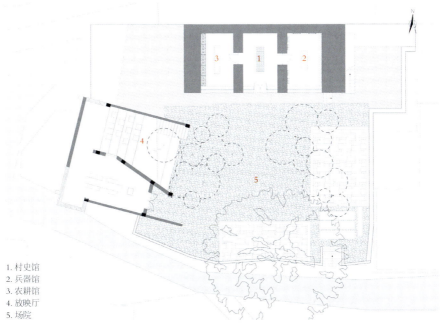

1. 村史馆
2. 兵器馆
3. 农耕馆
4. 放映厅
5. 场院

空间营造，重塑场所精神，并给予新的气质

正如韩洪沟老村的现状一样，大槐树周围空间也已经物是人非，昔日的熙熙攘攘
早已不复存在。如何重新建构乡村公共空间，从而重新塑造场所精神（Genius
Loci）是本次设计的重点。此外，设计师也不希望只是简单地重复历史，毕竟韩
洪沟老村已经有了新的产业定位，即基于地域建筑风貌和红色历史传承的乡村旅
游。新的乡民，新的产业定位，需要大槐树和树下空间扮演新的角色。

设计师将新功能设定为乡村记忆馆和小剧场。老窑洞被整修，外观保持原貌，室
内空间被重新布置为小型历史展厅，用以展示韩洪沟老村的历史和抗战时期太岳
军区的事迹。坍塌的厢房和倒座并没有被恢复，设计师并不希望简单地"修新如
旧"，而是希望通过新建筑物的加入，给予场地新的场所精神。

昔日村民聚集在大槐树下，互通有无，互相交流的场景给了设计师灵感。这是一
个半开放的公共空间：大树的树冠限定了场所的"边界"，树冠、阴影和人的活动
构成了场所的气质和场所中的事件。这是一种公共空间的原型。

1. 场地原貌
2. 小剧场为村庄夜晚增加了活力
3. 大树和新建筑重塑了场所精神

设计师希望用一种新的、"似是而非"的设计语言，重现这一场景，这一原型。一组伞状的构筑物被设计出来，"伞帽"大小不一，彼此连接，形成由多个圆组成的不规则的"顶"，它覆盖了院落1/4的面积，并隐约呈围绕大槐树的半环抱状。院落西侧倒塌厢房的位置，一个室外看台被构建起来，它呈梯形，东低西高，与老窑洞、大槐树，以及伞状构筑物一起，重新定义了场地的空间属性。室外看台一方面为室外剧场提供了观众的座位，另一方面也为俯视村落提供了一个高点。

设计师利用户外看台斜向楼板下的室内空间设计了一个下沉式剧场，可以放映电影或者影像内容，与户外看台功能互补，满足了北方地区冬季的室内活动需求。小剧场西南侧从场地挑出，落地玻璃和石墙形成的虚实对比进一步加强了建筑的视觉性，它为进入老村的路径提供了视觉引导。室内剧场、历史展厅和室外空间一起，形成了大槐树下新的公共空间，丰富了乡村的业余生活，为本地人及未来的新村民提供了文艺活动的场地。

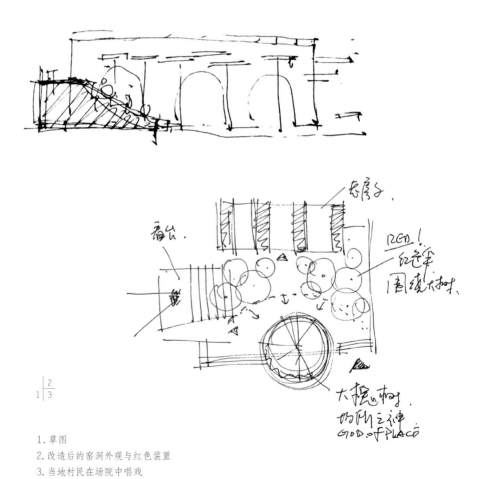

1. 草图
2. 改造后的窑洞外观与红色装置
3. 当地村民在场院中唱戏

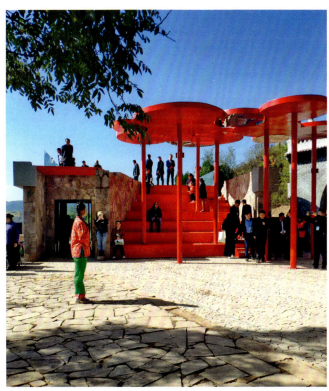

艺术介入：既可以是建筑，也可以是装置

在这里，设计师还试图"混淆"建筑与艺术装置的边界。室外看台，伞状构筑物被红色覆盖，形成了强烈的，不同于常规建筑学的视觉语言。它更趋近于艺术性的表达，单纯、强烈，甚至略显极端；同时，红色给予了空间一种新的气场：更开放的公共性、戏剧性、叙事性和张力都比建筑语言更简单，更具力量。

为了进一步强化这种艺术化的语言，设计师在部分圆顶上安装了反射镜面。人站立在伞状构筑物下方，可以从反射镜面中看到自己的影像。自己与自己的对话，使场地更有趣味，更轻松，也更容易引起共鸣。

伞状构筑物的支柱除了让人与空间之间的身体接触更为丰富外，也进一步加强了戏剧的不确定性。这也是设计师的有意而为：支柱的存在让戏剧无法以常规的形式出现，但同时也促使表演和空间之间发生关系。当然，倒座位置的空地还是能保证正常表演的进行。无形中，场地变得更为不确定，不同的使用者、使用情况，可以对场地进行重新定义。这也许正是后工业时代所需要的空间模式。

1│2
─┼─
　│3

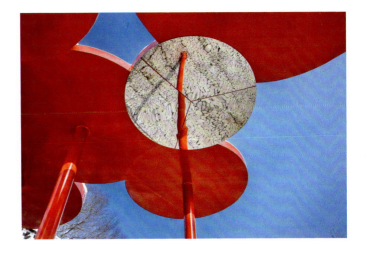

1. 从下沉剧场屋顶平台看场地
2. 错落的伞状装置改变了场地的气质
3. 伞帽细部

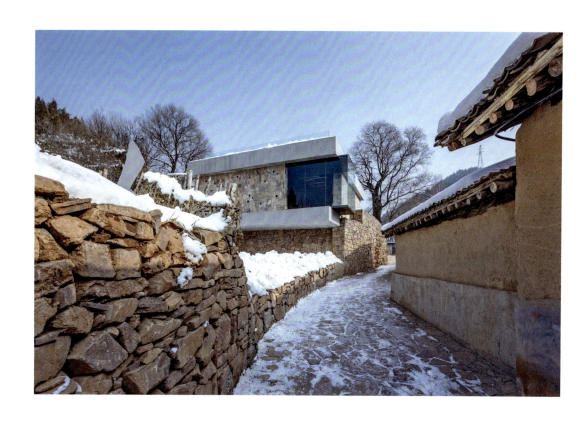

讲好红色故事，色彩、材质、明暗对比中的娓娓道来

设计师认为建筑及环境既是过去故事的承载体，也可以成为当代故事的叙述者。红色记忆的展示可以不仅仅是墙面上刻板的展板，更可以是空间体验，甚至是通过戏剧、活动的方式被人们理解和传颂。

空间中采用了大量红色元素以产生特定主题的心理暗示，同时又加入了跳跃的材质（如伞状构筑物下的镜面材质）让整体氛围不至于过分严肃。室内外两个剧场空间产生明暗上的区别，分别对应了观看当下表演和历史影像的不同氛围需求。

1. 从入村道路看出挑的剧场
2. 下沉剧场序厅，透过窗户可以看到村庄
3. 下沉剧场放映厅

$$\frac{1}{2}\Big|3$$

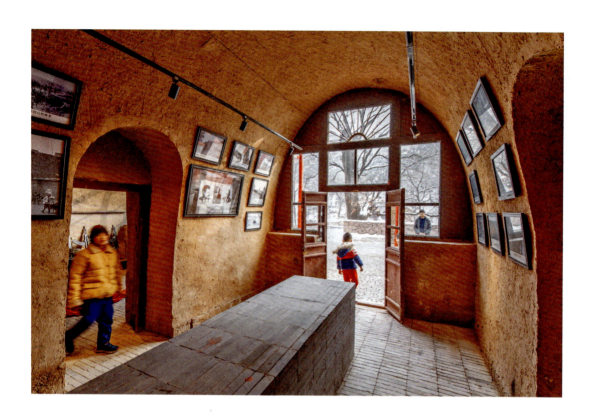

村史馆窑洞内的低矮空间及土墙材质被完整保留，定制的五星壁灯装置定义了空间的主题，内部展陈收集了村内的老物件及老照片，使得参观者可以更真切感受到场地所承载的厚重历史。

设计师希望通过建筑及环境的多种空间语言，间接地将场地承载的故事娓娓道来，从而让使用者在使用空间的过程中，产生对红色主题的共鸣。

1. 村史馆室内
2. 村史馆内记录了太岳军区一段革命的历史
3. 村史馆展厅

1 | 3
2 |

与树和老土墙共生——军械库咖啡

选址，空间和叙事的双重需要

项目始于场地的选取。正如设计团队大部分项目一样，场地并不是指定的，而是在踏勘过程中精心挑选的结果。韩洪沟老村呈一个狭长的梭子形，场地位于韩洪沟老村中后部，前面是村中的沟渠和空地。因为正好处于地理长轴的中线上，所以场地很自然地成了视线的焦点，也是观赏村庄中心景观最理想的位置。选择在这里设立休闲性的公共建筑，其逻辑类似于中国传统园林中亭或轩榭的设立，既是观景的落脚点，也是被看的景观主体。

1. 咖啡厅夜景
2. 首层平面图

$\dfrac{1}{2}$

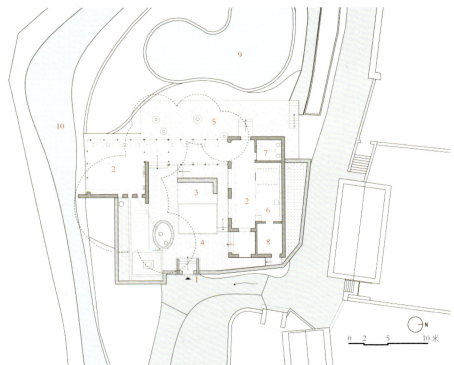

1. 入口
2. 咖啡厅
3. 旧建筑遗迹
4. 庭院
5. 户外休闲平台
6. 吧台
7. 卫生间
8. 储藏室
9. 池塘
10. 水溪

0 2   5   10 米

N

259

1. 场地原貌
2. 院落原貌
3. 咖啡厅鸟瞰

场地是村中的废弃宅基地，据传曾是抗战时期太岳军区枪械修理局所在地。原有房屋已经大部分坍塌，只剩半间土房和基址，现存的院门也是后来根据当地民居形式复建的。

枪械修理局的戏剧性主题也是选择这里的原因之一，它也对后续设计语言的选择提供了依据。

空间布局，与树和老土墙共生

场地中最明显，也最吸引人的元素是残留的半间土房和参差的树。

土房已经倒塌了一半，残留的土墙给人一种凝固的时间感。由于院子中主要的房屋已经全部倒塌，只剩基址，因此场地中的树就成了视觉和空间的另一个主体。此处树的品种并不名贵，树形瘦高，树干呈黑色，如同一排杆子，插在场地中。它们很自然地成为从远处观看场地的前景。在一组竖直的"杆子"中有一个异类——场地中央一棵严重倾斜的树，树干与地面的角度几乎是30度，给人一种不真实的"摇滚"感，增加了场地的戏剧性。

在观察完场地后，建筑师决定保留场地中央区域的半间土房和树，并以它们为基点，构建新的空间关系。新建筑避让土墙和树，呈L形，L的里侧是半间土房，新建筑半围合它，并与其互为图底。L的长边外侧是那排竖直的树，它们构成了建筑前面的剪影。"摇滚树"被保留，仍旧倾斜着指向建筑，在建筑师的想象中，孩子们可以调皮地顺着倾斜的树干走上去，再从半高处跳下来，这本就是童年生活的一部分。

施工完成后，新旧建筑之间，建筑与树木之间形成了一种共生关系，它们彼此交错，达成了新的平衡。

建筑，乡土与时尚共存

建筑为一层，强调水平方向的表达：平屋顶、室外平台和出挑的檐口设计都使建筑看上去很舒展。从远处看，建筑的水平线和树的垂直线形成了一种十字相交的关系，强化了建筑与树之间的图底关系。

建筑立面的开合逻辑依循视线和景观的逻辑。外侧立面，面向中心景观的部分开放，落地玻璃的设计将室外景色引入建筑，建筑和环境的界面也被透明材料柔化，视线得以在室内外渗透。朝向道路的墙面相对封闭，采用当地传统的垒石工艺完成。面向内院的立面则以半间土房为核心，靠近它的部分为落地玻璃，远离老房子的立面则以封闭墙体为主。

建筑主体结构为钢结构，外立面材料主要为玻璃和毛石。钢结构既可以保证施工的速度，又可避免新建筑对树木的影响。毛石是此地的传统建筑的典型特色，它有利于新建筑与场所之间建立一种时间和空间上的文脉联系。

1、2.冬日的咖啡厅
3.从村路俯视咖啡厅

1	
2	3

在功能上，新建筑是咖啡厅和水吧，它为来韩洪沟的民宿客人提供了主要的公共休闲场所。为了保护场地中的树，建筑室内分为两个区域，两个区域之间是一个半开放的灰空间，一棵树从中间穿出。

新建筑在服务外来客人之余，也给村庄带来了生机，为老村平添了一份时尚的气氛。

1. 老土墙和倾斜的树是庭院中的焦点
2. 咖啡厅西侧的水池边设有沙坑，供儿童玩耍

外部空间，满足多元使用诉求

建筑外部空间由院落和室外平台区域两部分组成。

院落不大，新建筑位于院落西北部，围绕老土房的基地，建筑入口的灰空间为客人提供户外小坐的可能性。由老土房场地改造的儿童游戏区及"摇滚树"，在院子中给人乡土的场景感，可看亦可玩。院落东南角利用防腐木、防火砖设立有烧烤池和室外座席，可以供多人在户外聚会烧烤。夜晚，吃着烤串，喝着啤酒，仰望星空，很惬意。

咖啡厅西面设有一处水池，在靠近水池的区域，设计了室外木平台和沙坑。木平台可供客人在室外落座，沙坑则是孩子们玩耍的天堂。

266

室内，硬朗但不冷漠

因为建筑的前身曾经是抗战时期的枪械修理局，军事自然成为室内设计的主题。室内并不复杂，也不追求细腻的奢华感，地面和墙面主要采用红砖，利用了砖良好的尺度，半手工的质感和温暖的体感，中和了钢和玻璃的冰冷。地面在局部区域选用了橄榄绿釉面瓷砖，与红砖形成色彩和质感上的对比，活跃了气氛。吧台和固定座席使用水泥抹灰，配合工业感的桌椅，弹药箱造型的座凳以及暴露的屋顶设备管线，空间给人硬朗的气质。灯光选用裸泡的处理，暖黄色的光，略微刺眼的眩光，都暗示了空间的休闲身份。

1.红砖、绿色瓷砖，军事主题的家具定义了室内的基调
2.咖啡厅室内
3.咖啡厅室内外视线有很好的交流

1
2	3

太岳院子——造币局民宿

场地，曾经的红军银行

韩洪沟老村曾经是抗战时期太岳军区后期部队所在地，项目所在的老院子相传曾经是当时的银行，这为项目平添了几分传奇的色彩。

此处位于村庄尾部，位置私密、幽静，北侧是山坡，南侧朝向原来的泄洪沟，视线相对开阔。原址上有3个并排但独立的院落。院落格局规矩，正房二层，形制是沁源地区典型的三开间，四梁八柱，一层住人，二层存放粮食和杂物。厢房一层，因为年久失修，大多数已经破损或倒塌，很难一窥全貌。改造前，3个院落已经闲置多年，原住民早已迁到新村居住，此处产权已经移交给村集体。

1. 旋转楼梯成为空间中的视觉焦点
2. 总平面图

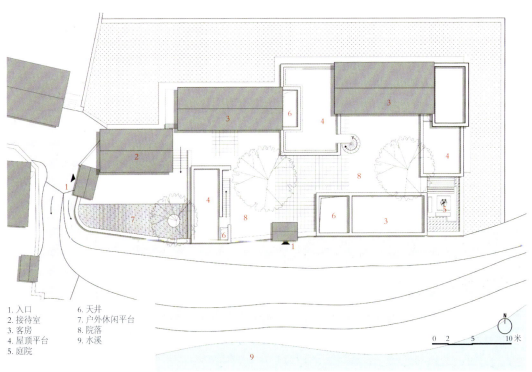

1. 入口　　　6. 天井
2. 接待室　　7. 户外休闲平台
3. 客房　　　8. 院落
4. 屋顶平台　9. 水溪
5. 庭院

N

0　2　　5　　　10 米

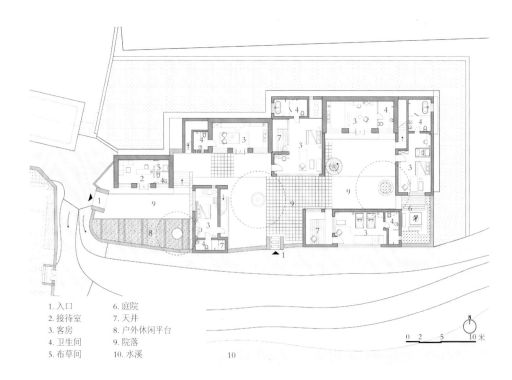

1. 入口　　6. 庭院
2. 接待室　7. 天井
3. 客房　　8. 户外休闲平台
4. 卫生间　9. 院落
5. 布草间　10. 水溪

0　2　　5　　10 米

10

1.民宿原貌鸟瞰
2.首层平面图
3.改造后的民宿鸟瞰
4.民宿入口院落

| 1 | 3 |
| 2 | 4 |

布局，打通院落，重构空间

新功能决定原来彼此隔绝的3个院落格局必然会被打散、重组。民宿不同于民居，它需要公共服务区域、前台、客房和后勤部分，且客房要有一定的数量，服务要有便捷性。

设计的策略分为几个步骤：首先，对原有建筑进行评估，对保存良好，可以继续利用的房屋进行保留、修缮；对已经无法继续使用的建筑进行拆除。然后，拆除3个院落之间隔墙，将场地连接为一体，重新组织入口和交通流线。再后，根据新场地景观和功能组织，新建单体，与保留建筑一起重构场所。

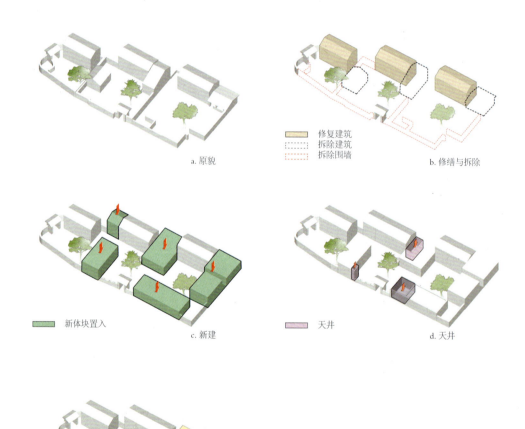

a. 原貌

修复建筑
拆除建筑
拆除围墙

b. 修缮与拆除

新体块置入

c. 新建

天井

d. 天井

楼梯
屋顶平台

e. 屋顶平台

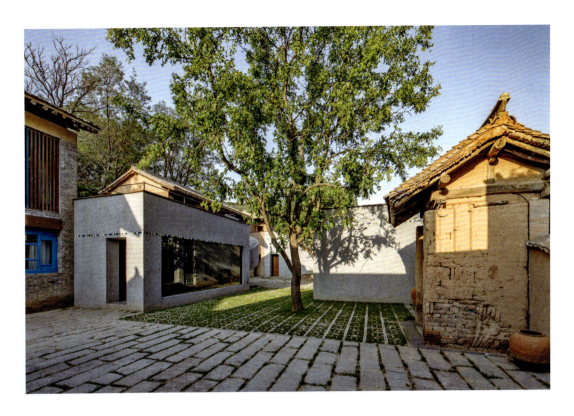

1. 体块生成图
2. 保留原有院门形成新旧对比
3. 场地中的树被保留，成为庭院景观中的重要元素

1 | 2
‾‾‾‾
    | 3

完成后，原正房与新厢房的空间关系仍然被保留，原正房两层，位置不变，新厢房一层，处于从属地位。但空间格局并不固守原貌，利用新建的厢房，空间的流线和室外空间得以重构，同时利用现代的形式和新材料，新建筑和老建筑形成一种戏剧性的对话关系。

建筑，天井、露台，土坯砖、水刷石和瓷砖

建筑的设计延续了布局的逻辑。原正房或被保留修缮，或按照原貌复建，它们在空间中居于显眼的位置，形式的地域性宣告了民宿与场地文脉的关系。入口院落的正房是民宿的前台，后面两个正房是客房。正房二楼不再是存放杂物的空间，它们被改造为客房使用，但立面的传统格栅形式被保留，回应了沁源地区传统民居的风貌。原建筑的土坯砖被继承，根据传统工艺新制作的土坯砖墙既唤起历史的记忆，又极具装饰感。

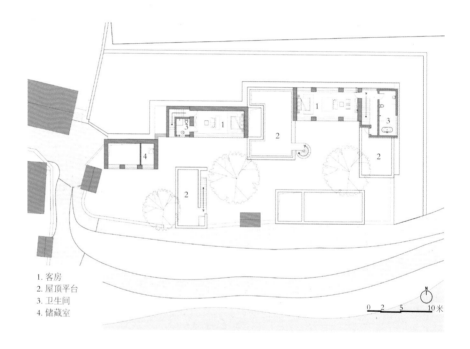

1. 客房
2. 屋顶平台
3. 卫生间
4. 储藏室

0 2 5   10 米

1. 二层平面图
2. 民宿接待区
3. 客房夜景

$1\dfrac{2}{3}$

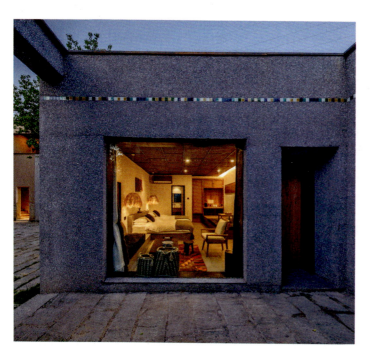

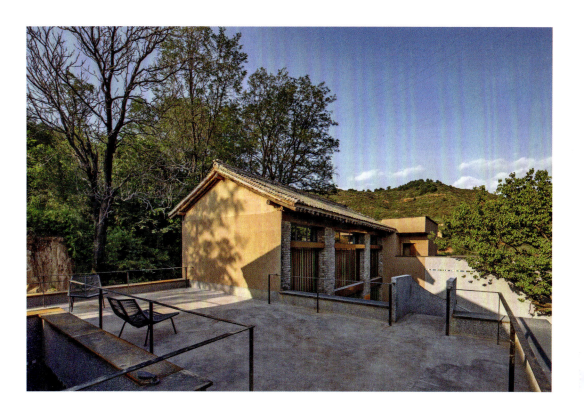

新厢房采用平顶形式，更抽象、更具现代性，又为民宿提供了更多、更丰富的室外空间（二层平台）。为了保证一楼客房的私密性，新建客房设有属于自己的小院或者天井，建筑朝向小院或天井开大窗，形成内观的小世界。

建筑外立面没有使用乡土的材料，而采用了水刷石。这既是对1980年代，也是对建筑师自身回忆的一种表达。灰白的碎石肌理和老建筑的土坯墙形成柔和的对比，不冲突，但有层次。彩色马赛克条带的处理，既是对斯卡帕的一种致敬，也对应着乡村瓷砖立面的命题。建筑师希望借此引起对乡村瓷砖立面的一种反思，不是简单的批判，而是理性的思考，以及想办法解决。

1.民宿夜景
2.天井成为客房和院落的过渡空间
3.民宿屋顶平台

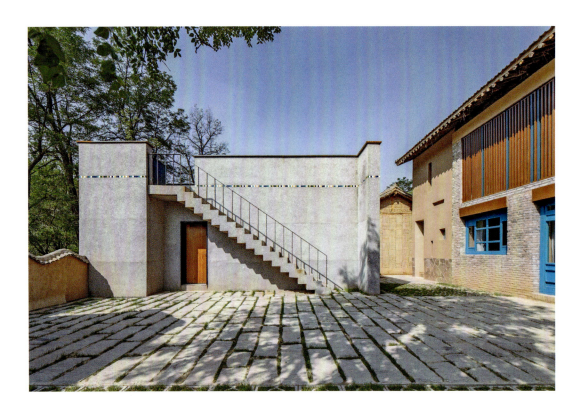

1. 不同的外立面材料形成丰富的肌理
2. 原建筑立面材料肌理
3. 水刷石、青砖、土坯墙形成不同质感的外立面

室内，亦土亦洋

从设计逻辑上，室内是建筑的延续。建筑师希望营造一种乡土与时尚并存的感觉，既能反映山西的地域性，又能符合当代人的审美和舒适性要求。

客房空间的组织根据客房的面积和定位布置，符合当代度假民宿的需要。天花使用深色界面，让空间退后；地面是灰色的纳米水泥，在保证清洁的基础上，给人一种酷酷的时尚感；墙面为白色，保证了室内的明亮度。

床的处理有几种不同的方式，包括炕、标准的床和地台。老建筑的一层客房中采用炕，二层由储藏空间改造的客房采用标准的床，而新建的客房则多为地台。这样的处理既满足了不同使用人群的入住体验需求，地台的使用也便于灵活组织房间的入住形式，在大床、标间之间转换。

1.天井的设计增加了空间的层次
2.新建建筑
3.卫生间
4.新建客房室内局部

<table>
<tr><td>1</td><td></td><td></td></tr>
<tr><td>2</td><td>3</td><td>4</td></tr>
</table>

1. 二楼大客房室内
2. 传统风格的室内空间
3. 延用北方的炕作为民宿的床

1 | 2
　 | 3

在中性色系基底上，家具和软装的选择变得尤为重要。毛石、实木、草本编织、粗布等乡土材料被大量使用，但它们又经过精细挑选、搭配和加工，呈现出一种"粗粮细作"的状态。颜色也直接影响了室内的最终效果。为了调和天花、地面暗色调的基底，坐垫、地毯、壁饰等软装，使用了浓郁和鲜艳的色彩，它们作为空间中的跳色，活跃了气氛。

给老建筑一颗年轻的心
——松阳平田村爷爷家青年旅社

图：松阳平田村爷爷家青年旅社外观

地点	照明设计
浙江省丽水市松阳县四都乡平田村	清华大学建筑学院张昕工作室
业主	设计时间
江斌龙	2014—2015 年
建筑设计	建成时间
三文建筑 / 何崴工作室	2015 年
主持建筑师	建筑面积
何崴	270 平方米
团队成员	摄影
陈龙、李强、陈煌杰（实习）、卓俊榕（实习）	何崴、陈龙

项目位于浙江省丽水市松阳县四都乡平田村。原建筑是一座普通夯土民居，二层，土木结构，共270平方米左右。因为曾经是业主江斌龙爷爷的住所，所以大家将之称为爷爷家。设计任务是对这个普通民宅进行改造，赋予它新的使用功能和空间，将之激活。经过与业主、地方政府的商讨，我们决定赋予爷爷家一颗年轻的心脏，将之改造成一个符合国际标准的青年旅社。

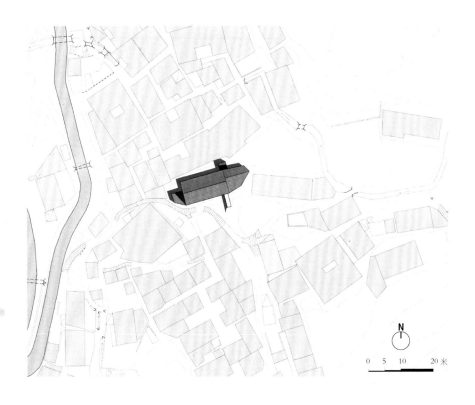

N

0　5　10　　　20米

1. 二楼室内
2. 总平面图

1 | 2

设计理念，外观保护，室内异变

为了保持村庄的整体风貌，爷爷家的外部形态被完整地保留下来，几乎未变，只在二层朝向良好景观的一面开设了一个长窗，将阳光、空气和良好的景色引入建筑室内。

与谨慎对待外部形态不同，设计对于室内进行了较为大胆的改变。松阳地区传统民居多为二层；一层中间为堂屋、两侧是居室；二层不住人，用于储存粮食和杂物。爷爷家的空间格局也是这样，一层为3个独立的跨间，二层则呈现为一个通透的"大空间"。设计不想按照常规的做法，修旧如旧，或者做新中式。我们采用了更有张力的做法：使用新的、对比性强的材料和构造体系与旧有的土木结构进行对话。这种对话不是混淆历史信息的对话，而是新与旧的对话。通过它，新者更新，旧者更旧。

1. 建筑原貌
2. 建筑外观
3. 剖面图

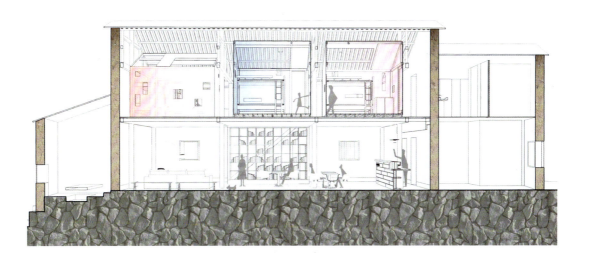

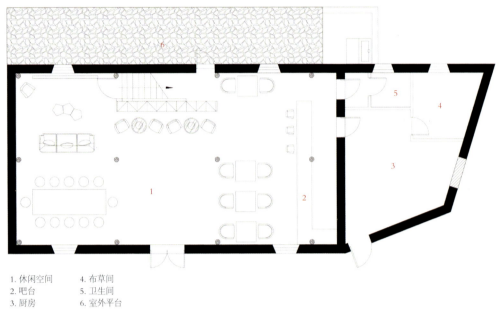

1. 休闲空间   4. 布草间
2. 吧台   5. 卫生间
3. 厨房   6. 室外平台

原建筑的一楼，我们希望为村庄提供一个公共空间。原有建筑室内的隔板被拆除，建筑从原来的分隔状态变为一个通透的"大空间"。这里将成为青年人交流、休闲的场所，同时也可以为村庄中的村民或者游客提供歇脚的地方。

1	3	4
2		

1. 一楼平面图
2. 一楼公共交流区
3. 一楼公共交流区
4. 楼梯

对于建筑的二楼，我们希望保留原空间的特质，因此常规的由固定墙体分隔的模式被否定了；一组"房中房"的空间元素被植入原有土房子中。它们由轻质材料建构，可拆卸，可移动，半透明，以一种轻轻的态度"放入"原有建筑相对厚重的内部空间。"房中房"的实际功能是青年旅社的居住单元，每个居住单元可容纳4～6人。设计特意采用了半透明的阳光板材料作为界面，它可以营造一种柔和的、模糊的效果，与原有建筑刚性的生土材料形成对比，更凸显了这个建筑不同时期的性格。

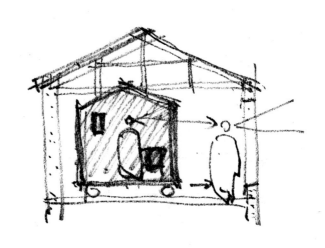

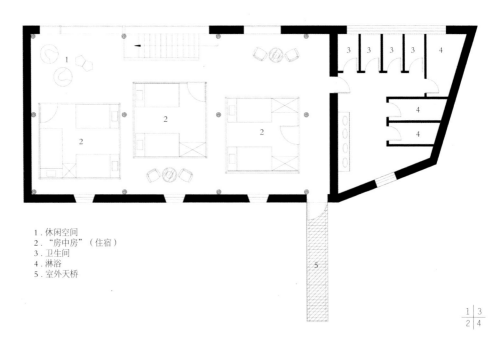

1 . 休闲空间
2 . "房中房"（住宿）
3 . 卫生间
4 . 淋浴
5 . 室外天桥

1."房中房"设计草图

2.二楼平面图

3."房中房"与老屋架

4.建筑二楼原貌

"房中房"另一个有趣的设计是它可以灵活移动。这是一组可以"行走"的建筑。构筑物底板下安装有一组万向轮，可以支持"房中房"在特定方向上的移动。这样处理的好处在于，青年旅社的室内不是一成不变的形态，它是可变的，可以适应不同的使用需要。年轻人完全可以根据自己的需要，自己推动建筑，完成空间的再造。这对于一个去中心化的时代来说，爷爷家青年旅社可以说是一个"互动"建筑。

为了营造更具戏剧性的效果，在"房中房"的表皮上开了一系列大小不一的洞口。这些洞口一方面将相对单一的界面变得活跃起来，另一方面为界面内外的使用者提供了相互"窥视"的可能性。这种处理设计灵感的方法借鉴了儿童看待世界的方式：躲在小空间中，通过小洞口窥视外面的世界。设计师希望通过这种处理将使用者的心理年龄拉回到充满好奇心的孩童时代。

1. "房中房"可以移动，从而改变室内空间布局
2. 草图
3. "房中房"的外观设计图

1 | 2
　 | 3

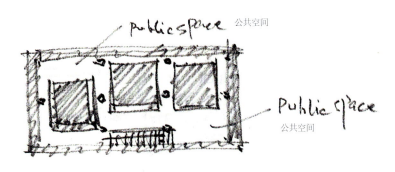

Public space 公共空间

Public space
公共空间

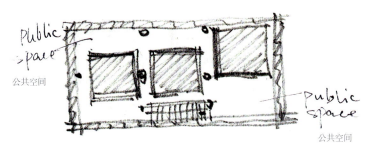

Public space 公共空间

Public space
公共空间

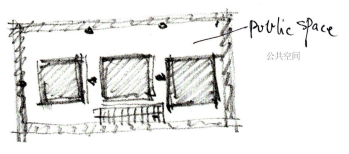

Public space
公共空间

光，营造空间气氛

光是设计中另一个重要元素。照明的逻辑源于"房中房"的空间逻辑，视线的逻辑则遵循照明的逻辑：白天的光由外向内，通过屋顶的明瓦和大侧窗将天然光引入阳光板房，居住者的视线则由内向外，穿过层层洞口远望群山和村落；夜晚的光由内向外，3000开暖光通过半透明材料的反射、折射照亮整个房间，并向村庄溢散，居住者的视线则由外向内，最终聚焦于阳光板房内部极具现代感的灯光构图。

柔和的LED线形光源（暖白和彩色）安置在"房中房"的木构架上，并排布为自由的构成线条，富于艺术表现力的构图和可直视的光源和青年旅社居住者"年轻"的特点相符合。灯与阳光板的位置关系基于足尺模型实验，遵循"光的方向与阳光板空腔的走向垂直"，被照亮的阳光板肋形成"光栅"叠加在原有的视觉关系之上，赋予居住空间一种全新的半透明视觉体验。

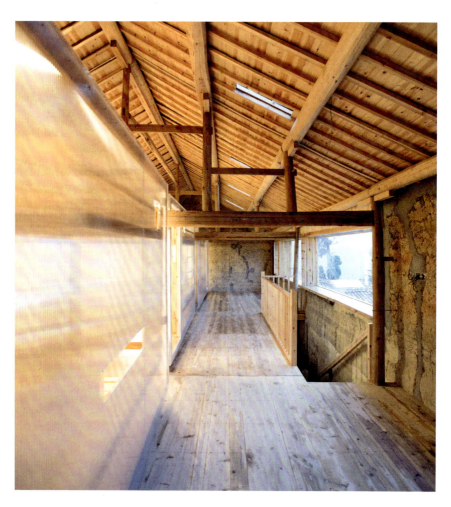

1.建筑二层室内
2.新旧材料的对话
3.透与半透

每个盒子的LED灯管设定为3个回路：第一，基本空间照明模式，对应一支位于上部屋架的3000开灯管；第二，日常居住使用模式，即3000开暖光的全开模式；第三，可兼做盒子标识的彩光模式，对应安装在屋架上的一支彩色灯管。日常居住使用模式和可兼做盒子标识的彩光模式均设置无级调光，使用者可以根据喜好进行亮度调整。每个盒子的用电均来自预设于其下部楼板的地插，电线留有余量，可以保证盒子在推动过程中依然可以正常用电。在大多数时间内，天然光、暖白灯光，变化多端的光影效果给人温馨、模糊和迷幻的感觉；在特定时段开启彩色灯管，会将空间营造成一个富于激情的场所。

通过这个项目，设计团队试图探讨中国农村普通民居再生中的众多问题，比如村庄整体风貌与建筑个性的关系，新、旧材料和构造的对比，地域习惯与国际认同之间的矛盾，传统的继承与活化之间的平衡等。

1."房中房"内部，可见到光源的安装方式
2.彩色光改变空间氛围

1 | 2

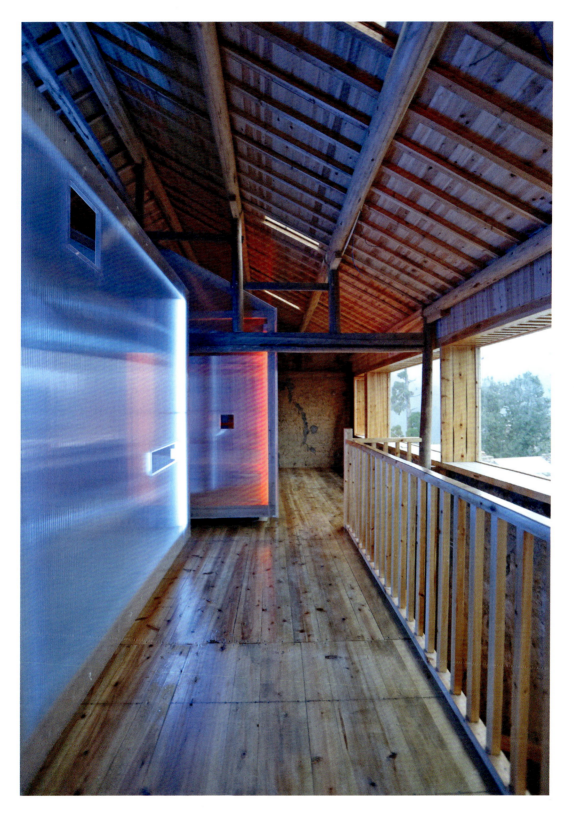

$\frac{1}{2}$ | 3

1. 少年在"房中房"
2. 使用中的二楼
3. 二楼的休息区，可看到远方的风景

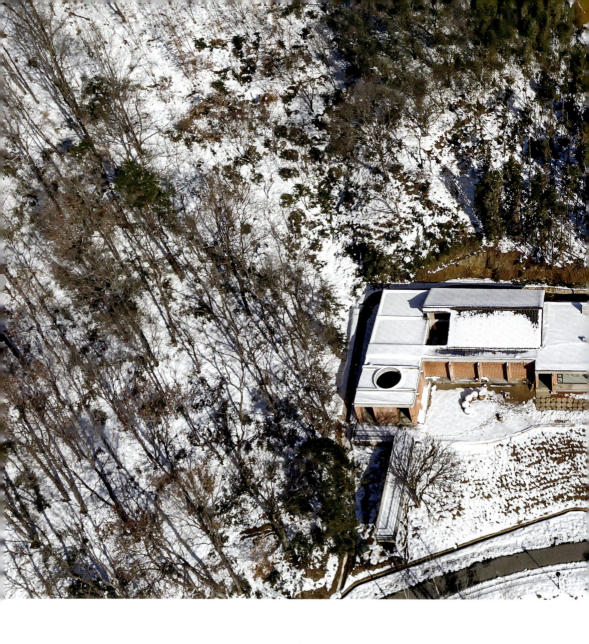

红砖建构的田园庭院

——新县别苑

图：新县别苑鸟瞰

地点
河南省信阳市新县

业主
新县大别山露营公园有限公司

建筑设计
三文建筑 / 何崴工作室

主持建筑师
何崴

团队成员
陈龙、李强、赵卓然、宋珂、汪令哲（实习）、
黄士林（实习）

设计时间
2016—2017 年

建成时间
2017 年

建筑面积
920 平方米

摄影
金伟琦、周梦

项目位于河南省信阳市新县，是大别山户外露营地项目中的重要组成部分。大别山户外露营地与大别山国家级登山步道相连，形成出入后者的重要门户。

新县别苑（简称"别苑"）的基地背靠一座小山丘，植被丰富，前面有一片小茶园，稍远是贯穿露营地的河流，以及对面的山丘。基地是山脚下的一个小高台，往南视线开阔，有水从面前流过，是中国传统的风水宝地。

基地原址上有几栋老旧的民宅，因为年久失修已经很破败，业主希望将其拆除，并在原址上兴建新的建筑。

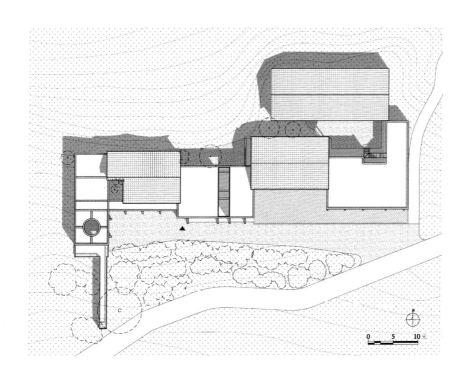

1.半露天的冥想空间，光影和界面形成了变与不变
2.总平面图

1 | 2

305

业态，从纯粹的民宿到小型"田园综合体"

新建筑的功能，将不是一个简单的民宿，也不是单纯的公共服务配套设施；新建筑将被赋予复合的功能和业态，不仅包括客房，也拥有咖啡、茶室、可用于聚会或者农事体验培训的多功能厅，以及用于修养的冥想空间。这些功能不是彼此独立的，而是互相交织在一起，并由复杂、多变的交通空间相串联。

功能赋予了建筑一种"综合体"的特性，它并不依赖单一的人群或者行为而生存；而"田园性"又是这个项目一直围绕的核心。本项目的田园性不仅反映在它地处大别山腹地，山林之中，也因为它未来的经营内容都将围绕着山林展开，从采茶、制茶等农事体验，到利用周边物产开发的一系列创意农业产品，再到围绕绿色健康产业所组织的登山、养生等活动。别苑的定位已经不局限于满足居住的民宿酒店，而希望把自身打造成一个小型的"田园综合体"。

|1|3|
|2|4|

1. 剖面图
2. 南立面图
3. 从南侧看别苑外观
4. 从路上仰视别苑茶室的外廊

1. 月亮门和圆窗形成的空间序列
2. 茶室入口
3、4. 茶室中不同特性的独立空间，窗户的取景、框景让室内外进行对话

1 | 3
2 | 4

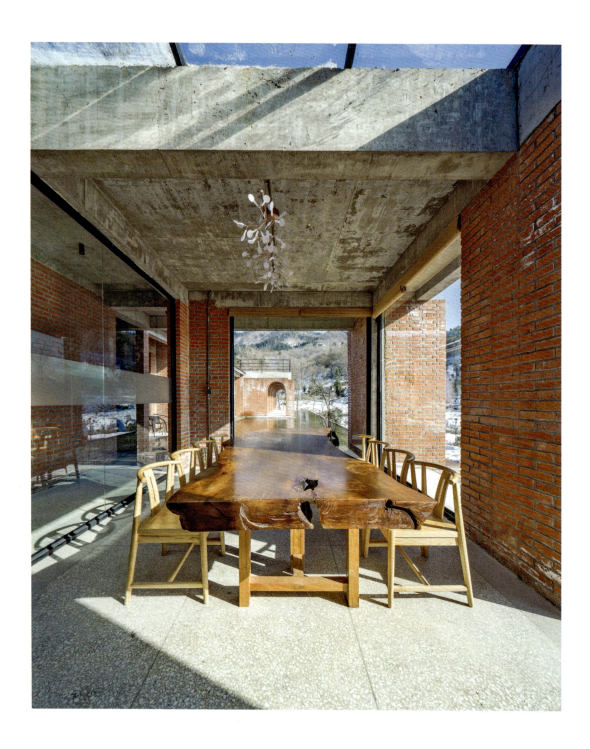

1. 从咖啡厅透过窗户看水池和茶室入口柱廊
2. 咖啡厅
3. 多功能厅室内

空间，顶、院、径、水池、光影

别苑由多栋建筑组成，由于场地的限制，大部分建筑呈水平展开；设计师对建筑进行了细微前后搓动，并交替使用了平顶和双坡顶（其中双坡顶暗示了原有民宅的位置）。这样做的结果是，建筑呈现出相互咬合的状态，曲折的平面和立面外轮廓线也给人以轻松随性的感觉。

院子和路径是项目空间的另一个特征。设计师认为中国传统建筑最吸引人的地方就是房屋、院子和路径的关系。其中房屋和院子互为正负关系，这种正负不仅仅是物理空间上的正负，也包含了视线和心理上的内外、开放与封闭等；而路径是房屋和院子之间的"介入物"，它时里时外，并没有绝对的室内或者室外的身份。路径的作用不仅仅是交通的串联，也让空间的内外变得连贯和模糊。在本项目中，设计师希望在农舍的语境下，讨论这三者的关系。因此多个不同空间特征的院子被营造出来，它们穿插在建筑群体之间，将建筑与周边环境，建筑与建筑隔开，形成一个个空白。这些空白除了功能作用外，更多的是一种视线和心理上的需要。

路径约束了人们进入建筑的方式。为了保持建筑的私密性和趣味性，路径被人为地"曲折"，甚至隐藏起来，顾客需要自行寻找进入空间的方式，而在这个寻找过程中，建筑和院子的正负关系被自然而然地呈现出来。

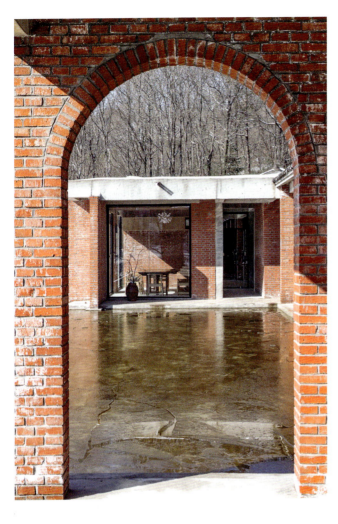

```
  | 2
1 | 3
```

1. 客房与茶室之间的内院
2. 茶室入口拱廊
3. 进入建筑的廊道

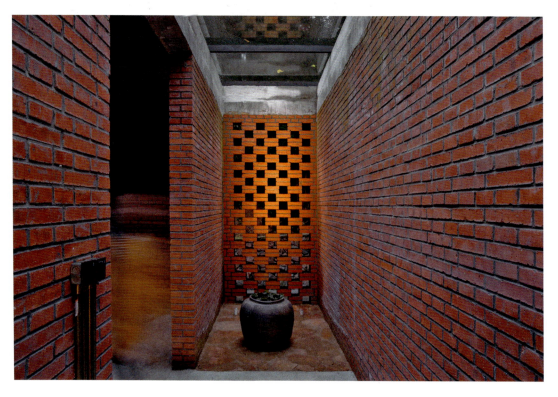

314

水池和光影的设计加强了建筑的趣味性和戏剧性。通过水池的反光和倒影，以及不时出现在路径中的光影戏剧性场景，使用者的兴奋被不断地勾起，驻足、拍照、发朋友圈，建筑的单一红砖材料所带来的厚重感、单调感被大大地冲淡。

1. 后院中的花砖墙，砖的凹凸形成了肌理，增加了空间的趣味性
2. 冥想空间与多功能厅之间的庭院
3. 水池倒影下的建筑夜景

$\frac{1}{2}$ | 3

$\dfrac{1}{2}\bigg|\,3$

1.浅水池为建筑提供了一份灵动，也为夏季儿
童做游戏提供了场所
2.从水面看客房
3.冥想空间夜景

气质，精致农舍，随性别苑

别苑，顾名思义它不是城市中的精品酒店，也不是乡间别墅，它有一种野味，也可以说是农舍感。别苑的气质应该是精致的，但并不过分矫情；随性而为，人居于其间，可以放松，偶遇间，人和人的距离可以稍微拉近。

因为是新建，设计师并不希望刻意模仿老旧的民居，而是希望让建筑给人一种亲近的感觉。建筑选用了1980年代常用的红砖作为主要材料，外观并不刻意追求风格的一致性，相反设计师有意将不同风格混搭在一起，形成一种"混乱"感。因为这种"混乱"感，混搭正是乡村建筑吸引人的地方。

建筑的室内也不另做装修，直接暴露材料，形成一种可控的粗野感。地面的水磨石，暴露出来的结构构件，进一步强化了这种感觉。在设计师看来这样的处理正合乎项目的名称——别苑应该传达的气质，一种不同于城市的别样生活。

登高

用膳

采茶

制茶

品茗

习艺

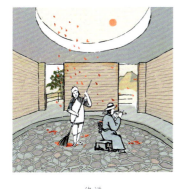

修禅

赏月

夜语

| 1 | 2 |

1. 客房室内
2. 关于空间使用的手绘插画

百年徽州老宅的复活

——婺源虹关村留耕堂

图：留耕堂航拍

地点
江西省婺源县虹关村
业主
婺源县尚逸轩度假有限公司
建筑、室内、景观设计
三文建筑 / 何崴工作室
主持建筑师
何崴、陈龙
团队成员
赵卓然、曹诗晴、吴前铖（实习）、
叶玉欣（实习）、高俊峰（实习）

照明概念方案
清华大学建筑学院张昕工作室
项目顾问
吴志轩
设计时间
2017 年
建成时间
2019 年
场地面积
800 平方米

建筑面积
780 平方米
摄影
方立明

留耕堂位于虹关村村口，是清末制墨大师詹成圭的第三个孙子詹国涵的宅第。建筑面对村口1600年的大樟树，及近年来修建的村民活动广场，是当地少有的带院落的宅子。特殊的区位和开敞的院落使留耕堂从古村密集的肌理中"游离"出来，这也是业主长租并修复改造其为民宿的原因之一。

业主在租用留耕堂时，留耕堂客馆后部已经因大火基本损毁，仅剩四面墙体及空地。业主首先召集了当地工匠，采用修旧如旧的方式，对客馆后部及厨房部分按照传统建筑工艺进行了修复，值得提起的是此次修复行为是虹关村近几十年来第一座按照传统工艺修建的房子，而修建的过程被完整地记录了下来，成了当地非遗研究的重要资料。

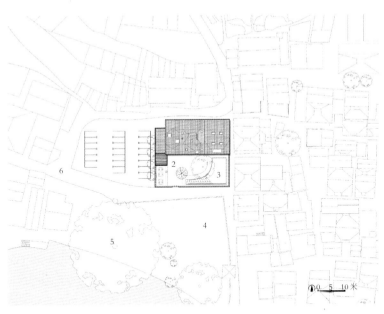

1. 留耕堂 2. 留耕堂庭院 3. 咖啡厅 4. 村口广场
5. 大樟树 6. 进村主入口

1. 从院门看留耕堂
2. 总平面图

基础工作，空间梳理与物理升级

设计团队介入时，建筑修缮工作已接近完成，建筑空间格局已经基本确定。根据新的使用功能——民宿，设计团队首先对流线进行了梳理：精简了建筑原有重复的楼梯，将二层3个独立的区域贯通，形成连续的交通流线。然后，将公共服务空间和住宿空间进行了分区。民宿的空间功能需要兼顾住宿和公共空间的生活体验，动静得体，私密与公共区域有机共处。设计将正堂及客馆部分的二、三层定义为客房，共计13间。一层及原先厨房部分作为公共服务及配套餐饮空间，设有书房、琴房、画室、棋室、茶室、餐饮等功能性空间。

院落被重新梳理，保留具有空间属性的桂树和枣树，在东南部增加一间咖啡厅，既满足了住客的日常需求，同时也可以对外接待来虹关村的旅游人群。

建筑舒适度的提升对本项目至关重要。由于建筑未来的功能是民宿，老建筑无法满足新功能所需的隔音、保温、卫生间给排水等要求。在尽量不破坏建筑传统风貌和格局的前提下，改造设计增设了上下对位的卫生间，对现有木板隔墙进行增厚，并填充了保温隔音材料，同时增设了电地暖和空调及24小时热水，保证了舒适度。

1. 留耕堂与周边环境
2. 留耕堂院落空间中的新旧建筑关系
3. 留耕堂原貌
4. 以传统工艺上屋架

```
1
2 | 3 | 4
```

正堂，怀揣敬畏的创新

建筑师试图在古建修复和空间创新中寻求一种平衡。对于留耕堂旧建筑部分，建筑师采取了克制的设计态度，尽最大的可能保持徽州古宅的空间精神。与此同时，通过对正堂、天井、楼梯、餐厅等公共空间改造，达到民宿功能的舒适性。此外，在局部位置，以可逆方式置入新材料、新形态，活跃空间气氛，形成新老对话。

正堂是建筑原本最重要的公共空间，它往往起到点题的作用，是显示主人理想和品味的重要载体，在徽州古宅中具有独特的精神内核作用。新正堂的公共作用被进一步强化，并结合空间新的功能和风格，重新定义留耕堂新老"主人"的情怀。整个空间以书、画、琴、茶为主题：正堂空间原有的布局被读书空间替换，地面采用架空处理，两边增设书架，阅读回归低坐的形式。原空间保留完好的隔板墙被保留成为空间的垂直界面，与新加入的家具形成对话。正堂高处的匾额"留耕堂"仍居于原处，在点题之余成为整个空间的精神原点。

1. 剖面透视图
2. 正堂空间原有的布局被读书空间替换
3. 正堂对景及山水意向的艺术装置

	2
1	3

326

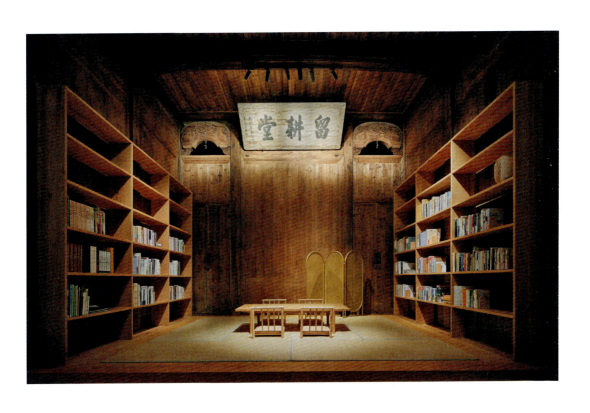

1.在正堂天井西南角放置琴案
2.客馆天井中的"鱼跃龙门"主题装置

正堂东西两侧原为居住空间，一个改为画室，一个改为茶室。设计团队在天井中设计了一个镜面水池，业主邀请当地艺术家以钢板为原料在水池上创作了以山水为意向的装置，成为正堂的对景。天井西南侧附属空间安放了琴案，可以抚琴，东南侧仍旧保留建筑原始入口。

客馆，创造现代恬淡生活

客馆与正堂平行，两进，南面一进是一个独立的空间。改造后这里被设计为一个家庭套间，有自己的天井和独立的楼梯。北面一进，南低北高，四合，东侧有小门与正堂一跨相连，西侧连接餐厅，南侧两层，北房三层。天井是空间的核心，也是此处唯一"透气"的地方。与周边的古色古香不同，建筑师希望引入艺术性元素，活跃气氛。最终，一组"鱼跃龙门"主题装置被悬挂在空间中，金属的材料灵动地反射光线，给原本狭小的天井空间带来了灵气。

客馆北侧的三层是留耕堂民宿中最大，也最奢侈的客房。它独占一层，南侧的大玻璃可以把阳光很好地引入房间。人坐在床前，或躺在浴缸内，透过玻璃又可以将近脊远山、四季烟雨尽收眼底，虽不是古人的生活方式，但有古人的恬淡意境。

1. 客馆三楼大客房
2. 透过三楼客房窗户可眺望远处的风景
3. 家庭套房独立的天井和楼梯

1.客馆三层大客房
2.二层客房
3.平面图

$\frac{1}{2}$｜3

餐厅，实用与气氛并重

餐厅分为三层，一楼为休闲区和2～4人小桌，二楼设两个大圆桌，满足多人用餐需求，三层为茶室空间。在满足客人就餐需求的同时，建筑师和业主还希望给予空间一定的休闲和文化氛围。

1. 正堂
2. 琴室
3. 书房
4. 茶室
5. 中庭
6. 餐厅
7. 标准间
8. 大床房
9. 厨房
10. 杂物间
11. 咖啡厅
12. 庭院
13. 户外茶区

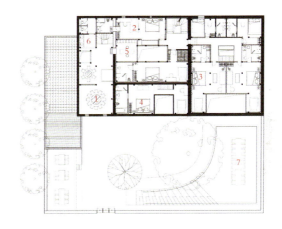

1. 餐厅
2. 标准间
3. 大床房
4. 亲子套房
5. 棋室
6. 洗手间
7. 露台

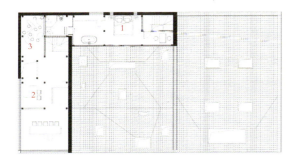

1. 亲子套房
2. 茶室
3. 儿童区

在一楼，一个手工壁炉被置入到空间中，略显粗犷的风格给室内平添了农家的气氛。壁炉北侧的天井，业主邀请了著名艺术家文那创作了高9米的《墨神图》，将徽墨故事以现代插画的方式展现出来。在点题之余，也与留耕堂整体设计思路相互应和。

二层设置了一间小棋室。透过大玻璃窗，棋室与客馆的天井可以互看。建筑师在棋室屋顶设计了一个筒形天窗，将天光引入室内，形成戏剧性的光圈。棋室室内素朴，并没有过多的装饰，榻榻米配以白墙，让人静心。唯一的装饰来自北侧墙面，设计师采用宣纸裱褙，背后暗藏灯光玄机。关灯时，墙面平整无奇，开灯时显示出一轮满月。

1.餐厅一层的手工壁炉与文那创作的《墨神图》
2.餐厅三层茶室具有良好的观景视野

三楼由原来建筑的杂物间和屋顶平台扩建而成，可以很好地瞭望村口大树、溪流和稻田，具有很好的视野。建筑师采用了玻璃立面的处理方式，尽量使房间通透、轻盈，避免过重的体量对老建筑部分产生影响。

院落，新建筑创造新场域

由于虹关村未来巨大的旅游潜力，业主希望利用院落增设一个对外服务的空间，平时作为咖啡厅使用，兼作小型会议和教室功能。对此，建筑师一方面认为是很必要的，另一方面又不希望建筑过于突出。因为，太突出的新建筑势必会影响留耕堂老宅的主体地位。

最终，咖啡厅选址在院落的东南角，以东、南院墙为边，以场地现存桂树为心，划出一道弧形边线。新建筑没有采用传统的风格，它更像是一个无风格的几何体。为了不"占用"户外空间，建筑师希望将新建筑的屋顶也利用起来。一个逐级抬高的阶梯形屋顶建筑被设计出来，下部空间作为咖啡厅及多功能厅，上部为屋顶平台，成为户外就餐、活动的场所。上下两个空间通过一个优雅平缓的阶梯连接，既强化了新建筑的特征，突出了老宅的主体性，又为本身平淡的庭院提供了竖向维度上的丰富体验。阶梯下部较低矮的区域，利用竹子创造了"竹林"的意象，回应了场地中原有的竹林，也为儿童提供了游戏空间。

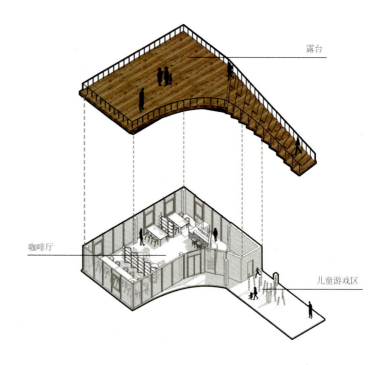

露台

咖啡厅

儿童游戏区

1.新建咖啡厅轴测图
2.新建筑没有采用传统的风格，更像是一个无
风格的几何体
3.阶梯下"竹林"的意象，为儿童提供了游戏
空间

$\frac{1}{3}\Big|\frac{2}{3}$

1.从新建筑入口看旧建筑门头
2.老建筑斑驳的墙面成为新建筑的空间背
3.新建筑内家具均可以移动，使用空间可变

新建筑的屋顶外饰面采用木板，修复老建筑时遗留的旧木料经过打磨加工后，被重新使用，建筑师希望新建筑可以具有可持续思维。新建筑四面均是玻璃幕墙，保持轻透的同时，最大可能地引入阳光。内部空间朴素，家具均是可移动，使空间可以灵活布置。

配合新建筑，院落的景观也做了设计。平静而不刻意，是院落景观的总体思路。桂树和枣树被保留，成为院落中的制高点和中心，铺装采用徽州当地石板，引入村内明渠在院内形成小水系。老建筑是院落的主背景，而新建筑作为前景，适度分割了院落和村口广场，同时以一种环抱的姿态，凸显了桂树和老建筑立面的重要性，使庭院空间更加立体。

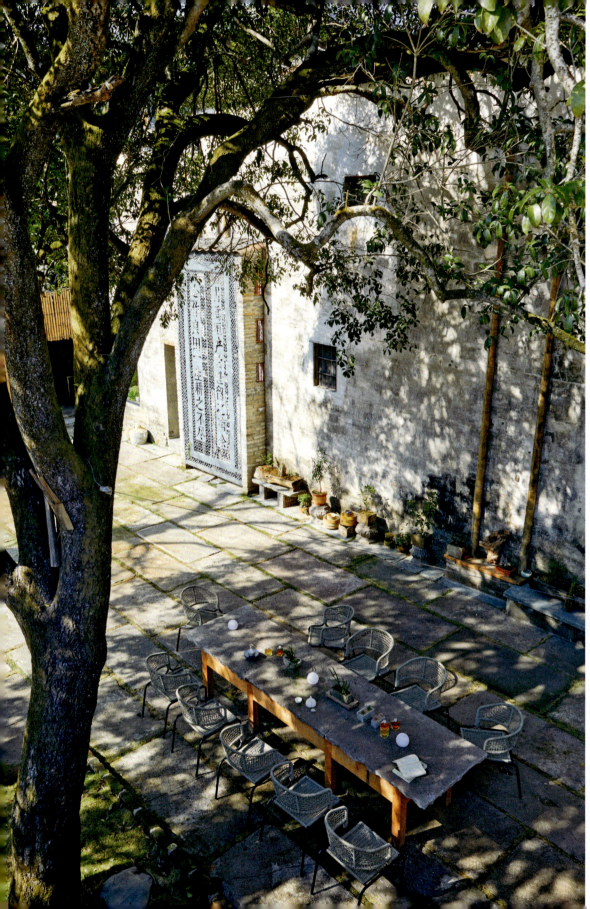

1.桂花树下的空间
2.新建筑的玻璃立面与村落环境产生对话
3.新建筑屋顶平台

折叠的水平线

——神山岭综合服务中心

图：建筑鸟瞰

地点	设计时间
河南省信阳市光山县殷棚乡	2018 年
业主	建成时间
杨锋	2019 年
建筑设计	建筑面积
三文建筑 / 何崴工作室	2500 平方米
主持建筑师	摄影
何崴、陈龙	方立明
团队成员	
梁筑寓、赵馨泽、宋珂、尹欣怡（实习）	

项目位于信阳市光山县殷棚乡，属于大别山潜山丘陵地区。区域内山水相依，风景优美，有农田、水库、山林等自然资源，同时，当地盛产板栗、水稻、油茶、茶叶等农业资源。建筑作为神山岭生态观光园项目的综合服务中心，提供游客在园区内的接待、饮食、休闲及住宿等服务。

项目业主是当地一位开发商，项目所在地——神山岭是他的故乡。在经历多年的事业发展之后，业主希望能够通过对家乡的产业投资，带动乡村的经济增收，从而起到"乡村振兴"的作用。神山岭生态观光园项目除了综合服务中心之外，还规划有酒坊、油坊、茶室等单体建筑，以及儿童游乐区、采摘区、生态养殖区等功能片区。

1.建筑夜景
2.总平面图

1 | 2

345

设计概念，抽象拟态，修补环境

建筑设计的概念来自对场地的阅读。基地位于园区东西向主路和一条向北次路的交叉口，呈不规则的三角形，北窄南宽，东北和西北方向有丘陵，西南向较开阔，具有较好的对景。业主在设计团队介入之前已经将场地进行了平整和拓宽，也开挖了基地东北侧的丘陵，对原有环境有一定的改变。面对裸露的，高达15米的边坡，设计团队提出用建筑进行生态环境修补的想法：将建筑退让至场地边界，与开挖的山体衔接。建筑从场地中央位置挪开，既创造了开阔的户外空间，又使建筑成为自然山体的延伸，由此得出建筑面向西南，背向东北，依山面水而建的基本格局。

在此基础上，设计团队提出折叠的水平线的设计理念：建筑总体呈退台式组织，暗示了建筑作为另类等高线与山体的关系，建筑作为自然环境的一种延续，但又不仅限于对自然的模仿和拟态。

1. 建筑形体生成
2. 从水面看建筑
3. 建筑修补了破损的山体

$\frac{1}{3}\Big|\frac{2}{}$

一层平面图
1. 招待大厅
2. 序厅
3. 休息区
4. 大会议厅
5. 办公室
6. 宴会厅
7. 餐厅包间
8. 餐厅厨房
9. 会议室
10. 准备室

二层平面图
1. 家庭房
2. 屋顶绿化
3. 布草间
4. 洗衣房

三层平面图
1. 家庭房
2. 双人房
3. 屋顶绿化
4. 布草间

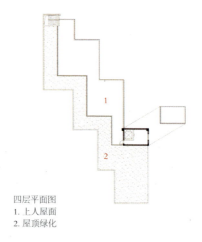

四层平面图
1. 上人屋面
2. 屋顶绿化

1. 平面图
2. 建筑夜景

空间手法，白色的"层叠退台"

建筑共3层，首层为公共服务区域，平面呈L形布局，包含接待大厅、农产品售卖中心、餐厅、宴会厅、会议厅、办公等；二层和三层为客房，两层共计22间。

设计团队选取"层叠退台"作为建筑的基本形式：下一层的顶部成为上一层房间的户外活动空间，每个客房都有独立的"空中小院"，丰富了住宿的体验。客房部分，通过将模数化的功能单元如积木一般进行错动堆叠，形成节奏性的空间序列，同时最大限度地获得了向西和向南两个方向的观景面。与此同时，交通的组织、管线和结构的对位必须得以保证，从而使建筑在乡村语境中可以被实现。对于各层户外退台空间，设计团队有意在各层平面上进行了错位，使得上层建筑轮廓的阳角与下层建筑轮廓的阴角相对，由此形成了同层平面上相对独立的户外空间，保障了客房使用过程中的私密性。

建筑外墙整体为白色，设计团队有意弱化了外墙在材质及颜色方面的装饰语言，突出建筑的"几何性"和"构成性"。建筑立面处理上强调横向线条和实体，通过女儿墙和下反檐口形成连续的、"实"的白色条带。但在秩序感之余，也注意了在细节处的变化，例如建筑入口东侧的天井院和宴会厅的天光顶棚，在为建筑提供采光的同时，也让建筑形态产生局部变化。

1.水平延展的建筑外立面形成秩序感
2.退台形式形成构成感
3、4.建筑夜景

$\frac{1}{2}$ $\frac{3}{4}$

延伸思考，乡村背景下的现代主义可能性

设计师在实践中一直试图讨论"前卫与地方""消隐与凸显"这两对二元词汇在中国乡村建筑行为中的平衡与取舍。从某些层面上看，本案是"前卫"的，它以"强硬"的建筑形态和场地对话，但设计的开始却是以延续场地为初衷，从此角度看，它又是"地方"的，只不过这种地方性不是简单的乡土形式的挪用。

本案的项目背景在乡村，但又是脱离于乡村常规认知之外的建造实验。现代主义建筑时期，柯布西耶提出"多米诺体系"，在工业化建造背景下迅速在全球范围内推广。1980年代之后的中国乡村，依据这一模型，建造了数以万计的"火柴盒"建筑，改变了乡村的面貌。在简单批判之余，冷静思考，模数化的钢筋混凝土房屋建造技艺才是中国乡村在有限条件下最易得的"建筑手段"，也是最符合工具理性的方式。如何在有限条件下，对简单乏味的建筑进行"小小的改变"，通过思考秩序、模数和变化之间的平衡，既满足乡村多快好省的要求，又在建筑效果上有所突破，这成了设计团队思考的方向。

1 | 2

1. 从水面看建筑南立面
2. 抽象化的建筑局部

采石坑的文化复绿

——石窝剧场

图：夕阳下的石窝剧场

地点
山东省威海市环翠区嵩山街道五家疃村
业主
嵩山街道人民政府
建筑、室内、景观设计
三文建筑 / 何崴工作室
主持建筑师
何崴

团队成员
陈龙、唐静、李婉婷、张娇洁、
李俊琪、林培青、赵馨泽、纪梓萌、
刘松、李虹雨（实习）
设计时间
2019 年
建成时间
2019 年 10 月

场地面积
1500 平方米
建筑面积
280 平方米
摄影
金伟琦

基地，来自对场所的阅读

石窝（露天）剧场的前身是一座小型采石坑，位于威海市环翠区嵩山街道五家疃村。20世纪90年代开始，随着中国城市化的发展，威海各地出现大量的采石场，这里也曾经是其中的一个。近年来，随着国家对环保的重视，几乎所有的采石场都被关闭，此处也逐渐废弃，成为遗迹，当地人称之为"石窝子"。

设计团队在考察现场的时候，发现了被废弃的采石坑，也发现了它独有的魅力。采石坑规模不大，形状如同自然弯曲的手，曾经采石的痕迹经历了岁月的侵蚀，呈现出一种"人工—自然"的图景，特别是暴露在外的石壁，峥嵘奇峻，给建筑师留下了深刻的印象。如何将曾经破坏环境的采石场变为造福一方百姓的有益场所是本案着重思考的问题。

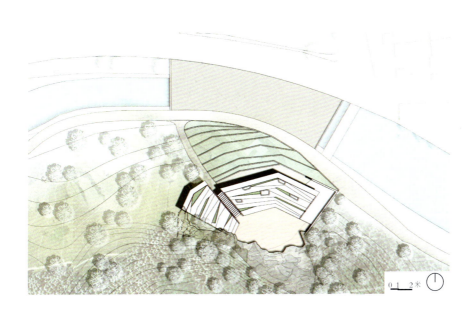

0 1 2米

1. 石壁被完整保留，舞台和看台围绕石壁设置
2. 总平面图

1 | 2

设计灵感，从互文开始

选择这里，但这里的未来是什么？这里将作为什么功能被使用？又为周边带来什么？古代希腊的剧场，意大利锡耶纳的坎波广场，以及南京中山陵音乐台为设计师提供了灵感。希腊的埃庇道鲁斯露天剧场给建筑师留下了深刻的印象，依山而建，面朝远方，人工构筑物与自然融为一体，形成了一种独特人文—自然景观。建筑师认为这里的环境虽然和希腊剧场不尽相同，但从空间逻辑上具有互文性；此外，露天剧场作为一种公共性场域，也会给所在的区域带来新的活力和机遇。它可以作为广场使用，为当地人提供公共集会的场所，也可举办音乐节、戏剧节等活动，形成公共交流。这样的处理在单纯美化景观的基础上，增加了文化和产业功能，为此类废弃工业遗存提供了新的解决思路。

1.建筑与周边村庄的关系
2.区位图
3.鸟瞰石窝剧场

$\frac{1}{2}$ 3

建筑，人与自然的中间

从某种意义上讲，这是一个景观性建筑。建筑师希望以一种"轻"的姿态来处理场地，建筑的形态，以及两者之间的关系。

场地中原有石壁被完整保留，不做任何处理，成为剧场的背景墙。石壁因为开采石料形成弧形，使其具有很好的声学效果。在建筑师看来，石壁本身就是观演最重要的内容，它不仅是舞台背景，也是演出者本身，石壁的存在决定了整个剧场的性格和气氛，是空间的起点。

看台环抱石壁设立，从舞台地平面逐渐抬高，与石壁一起形成聚拢的场。舞台和看台的形状根据原有地形设置，并不追求对称；看台的台阶被设计成自由的折线状态，进一步加强了场地的景观性。

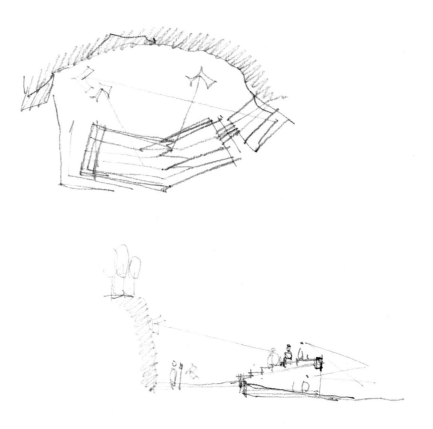

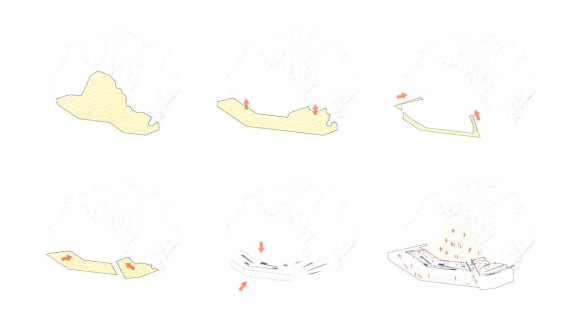

1.设计草图
2.建筑形体生成图
3、4.场地原貌

原场地地坪呈从石壁向下的斜坡，与看台的抬起趋势相反。依循这个特征，看台下面被藏入了一个新的建筑体量。它与看台共用支撑结构，在功能上包括储藏、公共卫生间和咖啡厅，可以为剧场提供后勤和公共配套服务。为了不遮挡和抢夺石壁的"主角"地位，建筑高度尽量压低，外形也趋于规整。建筑正立面由一系列落地窗洞组成，窗洞与窗洞之间的墙面厚度被有意强化，建筑师希望给人一种洞穴的感觉，回应场地原有采石坑的历史。建筑两侧设有台阶和坡道，供人们进出舞台区域。台阶和坡道被高大的墙包围，或略显压迫，或曲折，成为进入主区域之前的过渡空间，起到了"欲扬先抑"的效果。建筑材料选用毛石，垒筑，而其中的大部分石块来自平整场地时候挖掘出的石头。建筑师希望从形式和物理属性上表达建筑是从场地中生长而出的概念。

在此处，景观并不是一个独立存在的内容，建筑也不是。两者之间存在着相互转化的可能性。建筑前的绿地被石头铺装的小径分割成大小不一的区块，与看台的台阶划分形成呼应；进入剧场的流线呈现一个弯曲的弧，人们在登上看台之前，需要绕建筑至少半周，这也强化了场所的仪式感。

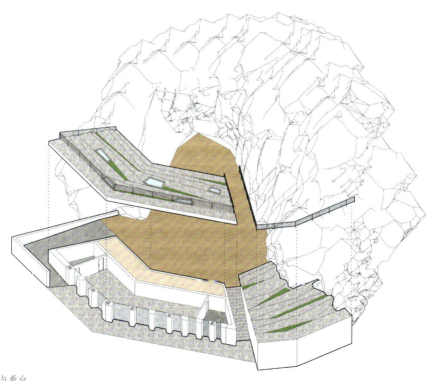

1. 舞台与看台
2. 石壁与舞台互相咬合
3. 石窝剧场轴测图

$\frac{1}{2}$ 3

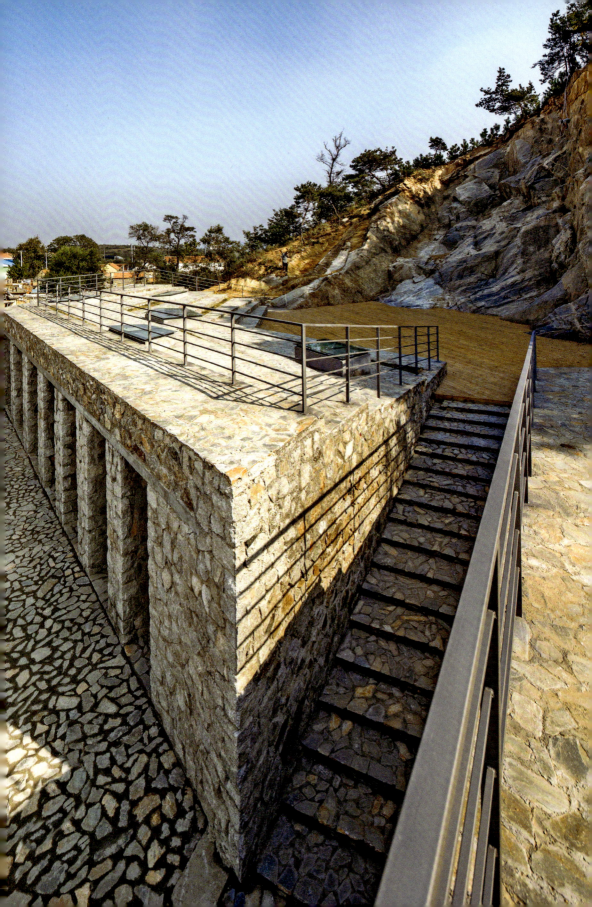

1. 石头台阶连接咖啡厅和舞台
2. 坡道保证了所有人可以到达舞台
3. 建筑立面使用地方传统垒石工艺

1.建筑立面使用地方传统垒石工艺
2.地方传统垒石民居
3.外立面施工过程

室内，略显粗犷的慵懒

建筑的室内空间不大，空间布局相对简单，倾斜的屋顶，不规则的天窗暗示了建筑与看台的关系，又加强了室内的戏剧性。建筑师希望空间气氛上给人以热烈、硬朗的感觉：洞穴、矿坑和工业感是室内设计的基本意向。石材、略显粗犷的木材、皮革、金属成为塑造空间的首选材料，工业风的灯具和家具也进一步加强了这种氛围；暴露的光源形成让人迷离的眩光，配合东西两侧墙面的橙黄和天窗内壁的宝石蓝，建筑室内给人一种复古的慵懒感。

在建筑师的想象中，未来的某一时刻，在这里听着民谣，喝着啤酒，仰望星空……生活本就应该如此。

1. 剖面图
2. 建筑室内
3. 建筑室内

1. 夜晚的石窝剧场
2. 从自行车绿道看建筑
3. 晚霞中的建筑
4. 使用中的石窝剧场

1	3
2	4

对谈

采访者：《建筑创作》杂志编辑 沈思
受访者：何崴
采访时间：2014 年 10 月

西河粮油博物馆及村民活动中心的诞生与延展思考

上篇

由村民出资，为村子设计

《建筑创作》：西河这个项目是怎么诞生的？

何崴：首先我要感谢一个非营利组织，叫作"绿十字"，很多做乡村建设的人都知道他们。河南省信阳市新县——也就是项目所在地——与"绿十字"共同开展了一个规划设计公益活动"英雄梦，新县梦"。新县是革命老区，从政府的角度来说这是事件性的。活动从 2013 年 8 月 1 号启动，邀请了几十家国内设计机构、大学以及个人参与公益设计活动，大家都不收设计费。预计在全县做 24 个项目，周期 1 年。我们通过朋友的介绍加入了这个项目。

项目所在地西河村，位于河南最南面的县——新县。新县本身就是全国贫困县；这个村庄则更为偏僻，它离县城有 20 千米，车程半小时。原来这个小村落基本上没人知道，在谷歌上都看不清。我们每次从北京去项目现场，从动车启动到村子，要 7 个半小时。

西河村的乡村保护规划和传统民居改造正好是我的大学同学罗德胤做的。我俩一起去看现场的时候，发现西河村的自然景观非常丰富，风貌保存完整，很有特点。村庄中间有一条河，河北岸是明清时期的聚落，大概有十几座民居；南岸，也就是项目所在的位置，我们发现了一个20世纪50年代的粮库，叫作"西河粮油交易所"。它的建筑现状基本良好，但已经被废弃。我们认为，虽然它不在乡村保护规划范围内，但位于古民居群的对面，体量又非常大，如果不做处理就成了一个负面的"窟窿"；而如果加以改造，则既会成为村庄新的公共活动空间，又能与古村民居部分呼应。所以我们在第一轮设计中讲述了这个计划，并极力说服了县长，对废弃的、位置在村子正对面的西河粮油交易所加以利用，变废为宝。县长很开明，他说可以试试看。我们很快做了设计，包括微型博物馆、村民活动中心、一个特色餐厅和相应的后勤。在完成建筑设计的同时，我们也为村子做了产业规划。他们看到了我们确实在为当地考虑，就同意了我们的建议。县长当时说："钱，我来解决！"

《建筑创作》：设计说明中强调这不是一个"捐助项目"，那么建设资金是怎么解决的？

何崴： 方案汇报后，开始找投资方，但过程很不顺利。茶油籽是当地重要的资源之一，经济价值非常高。当地有个上市公司就是做茶油的，因此我们做的产业规划之一就是茶油产业；而且，经过查询，我们发现全国还没有茶油主题的博物馆。于是我们就找了当地那位茶油上市公司老板，但却碰了一鼻子灰。原因很简单：第一，他不是这个村的人，是旁边村的；第二，他觉得这事不赚钱。所以项目10月后石沉大海，我们只好回北京等待。

转年到了2014年春节，突然接到县里的电话，让我们去一趟。大年初十，我们赶到现场，原来政府找到了一家企业，是做葛根的，老板叫张思贵，人称"三哥"，是西河村的人。经过协商，张思贵基本同意出资做这个项目，但对博物馆的主题，各方又有了不同的想法。县里希望博物馆主题从茶油转为葛根。我们也在"三哥"的带领下参观了葛根的传统工艺。但是，我们发现葛根的传统工艺没有观赏性，很难吸引游客参与。于是，我们极力说服"三哥"保留茶油的主题，我当时说："虽然有人已经做了茶油，不代表你们不能做。你们可以做高端的、手工的、参与性的茶油。"在这个过程中我们给当地人灌输了很多想法，"三哥"也似乎被我们说服了。

这样又过了2个月，到了4月他们终于说，资金落实了，工程可以开始了。经过了解，原来张思贵、张思举、张思恩几兄弟牵头，和村民一起办了个村民合作社。他们几位出大头，其他的村民有的出钱，有的用实物入股。**而此项目的资金就由合作社共同出**

资，同时，政府以补助的方式来建设公共设施。因此，从某种意义上讲，这是一个真正意义的自建项目。

《建筑创作》：然后，项目就顺利地开始了吗？

何崴：他们最开始想做的并不是博物馆，而是小餐厅。为什么要做小餐厅？因为，整个村子没有公共空间，也没地方吃饭，无法完成旅游接待。这是非常现实的问题，在项目进行中已经有游客来村庄参观，但都找不到歇脚的地方，村子里有了紧迫感。我们觉得这是千载难逢的好机会，建设终于要启动了。只要启动，就有可能推进下去。

随着餐厅的开工，我们又鼓动当地人把粮库的墙扒掉，要知道如果不把墙砸掉，很可能永远不会启动粮库的改造。因为，粮库的改造很贵，又不能马上赢利。5月的时候，终于把墙砸了，之后这个项目就按部就班往前走了。

和村民的沟通也是需要技巧的。拿餐厅的方案举例，我们希望留下原来建筑南北的两层"皮"，其他部分则为新建。这样做的造价，其实并不比新建便宜；但这样做可以留下乡村的记忆，保存那个时代的痕迹。

餐厅西侧的两跨，我们将之拆除，形成了一个新的室外平台。这样做的原因是原有建筑正好位于村庄的风水线上，而且阻碍了博物馆区域和河道景观的联系。当然我们说服村民不仅运用了风水的说法，还告诉他们这样做可以得到一个很好的室外休息平台，当然也为领导视察提供了场所。就这样，村领导同意了。

餐厅的结构都是重新做的。当地人希望按照传统抬梁形式做，我们也觉得这样可以。在外立面设计上，虽然我们一直提醒自己不要"太矫情"，或者过分的"耍技巧"，但是也希望在建筑的局部有些新意。餐厅新的山墙面为我们提供了这样的机会。因为山墙面向西，如果我们设计一个镂空的山墙，就可以利用下午的阳光形成精彩的光影效果。在镂空墙的做法上，我们参考了当地传统的"砖花"砌法，但也进行了改良。当地的"砖花"一般只有两层，成等腰三角形形态。我们认为这样的效果有意思，但装饰性不太强，于是我们把拼砖改成了等边三角形，在各边的交点处形成了一个六边形的洞，这是传统做法中没有的。

最初我们预计如果中间的空洞结构不稳定，就在其中塞个竹筒，作为支撑。但让我们惊讶的是，我们最初有点臆想的做法真被工匠做出来了，我还试验了一下稳固程度，还不错。在后来的施工过程中，我遇见了这位工匠，他叫张思齐。他和我说："我当时看了图纸，这种做法原来是没有的，这是建筑师在为难我啊！但我仔细想了1小时，就想出来了。"我特地让他站在花墙旁边，并为他拍了照。这就是民间的智慧，对我们是特别好的教育。

6月的时候，餐厅的土建基本完成了，要开始进行室内装修，但新的麻烦又出现了。因为新县地处山区，很难找到合适的家具，而且任由当地人自行挑选室内的家具也很难保证我们室内设计的效果。比如，有一次他们去武汉挑餐厅卡座的沙发，结果他们挑了一组客厅用的沙发，不仅高度不对，而且非常丑；还有一次，他们自己买了些装饰灯准备安装在餐厅内，我们一看，实在和餐厅的风格不符。怎么办？

《建筑创作》：万能的淘宝出现了。（笑）

何崴：是啊，后来灯具的确是在淘宝买的。我们在网上先挑选好，然后直接发货到村里。当然，也有一些东西是在县里采购的，但也是我们亲自去挑选。比如卡座的垫子，就是我的助手花了4个小时一个市场一个市场去挑的。

《建筑创作》：刚才的故事里有两个很有趣的点，一个是如何说服村民接受建筑师的想法，另外一个是向民间学习，在乡村盖房子，看起来像是双向的教育与学习。

何崴：我写过一篇短文，叫《在乡村和乡亲做建筑》，在村里盖房子，50%看图纸，30%现场调整，20%由匠人自己发挥。这个发挥的过程有好有坏，经常会有很多让你兴奋的东西出现。对建筑师来讲，最兴奋的是最后的20%，因为那是不可控的，有时候会有惊喜。

再讲一件很逗的事情。场地里本来有个大晒谷场，已经很破败了。我们坚持一定要恢复，不能做成别的样子。因为晒谷对村民是很重要的劳作，"就让村民在这里晒东西"，晒玉米、晒稻谷、晒栗子，都会成为景观。当地政府人员一开始不同意，乡长说希望铺上城市的透水砖，因为县里的路政部分可以捐给他们透水砖，可以省下一笔钱。其实，这是很现实的想法，但我们认为从空间效果上的确不行。于是我们就坚持最初的想法，反复说服他，最后虽然乡长觉得没面子，但还是赞同了我们的观点，完成后的效果，以及参观者的反应也证明了这个选择是正确的。

包括晒谷场旁边的水池也是这样。原本这里是消防水池，我们顺势设计成了水景观。结果两个星期没去，他们把水池填了。我问，怎么填了？他们说要铺透水砖，为了方便把它填了。我就劝他们："水为财，你们把原本就在的水填了，是自埋财路啊，必须得恢复。"乡长一开始不愿意认错，死活不吭声，后来我们反复提这件事，他就默认了。

当然也有我们妥协的事情。比如我们的设计中用了当地的竹子来做外墙遮阳材料。这样做一是希望建筑能在开敞后还有一定的遮阳，特别是博物馆那部分，直射光线对展品是有一定损害的；另一方面就是我们希望这里有点儿人文情怀，所谓"不可居无竹"。当然，运用竹子还因为竹子是当地材料，既便宜又够乡土。想法确定之后，开始村里人很认可，但后来迟迟没有准备竹子。我们就很奇怪，后来询问多次才知道，当地有传统农历七月之前不许砍竹子。于是，我们只有等。好容易等到可以砍竹子了，又出现了新的问题：当地人不会处理竹子，因此很难得到我们原来希望得到的外形效果；我们也曾试图教他们如何处理竹子，但尝试了多次都没有成功。如果从外地购买加工好的竹子，成本又会提高。思来想去，最后我们妥协了，就使用当地人能提供的材料吧。毕竟为了建筑师的"好看"而给一个农村建设增加过多的成本，也不是"乡建"真正想看到的。

下篇

乡村建筑不是慈善，机制合理才能良性循坏

《建筑创作》：在这些故事里，村民都扮演了很重要的角色，那么有多少村民参与了建设？

何崴：很多啊。除了主要投资的张思贵（"三哥"），最主要的还有几个人，一个叫张思恩，是工地的主要负责人。张思恩是西河村人，但在外面工作，他在北京自己有个装修队。为了西河村的这个项目，他把北京这边的工作停下来，回到家乡，希望为家乡做事，很可贵。这个项目能实现，张思恩非常重要，因为他懂施工，这对我们很有帮助。参与建设的主要村民还有村书记张孝祥、张思品、张思齐、张思海等。另外值得一提的是，参加劳动的还有一个智障村民，叫宝宝。我听当地人说，因为参与这个项目，宝宝的病情有好转。想来是因为平时村里的人不多，没有和别人交流的机会，这次参加了几个月的建造，明显感觉他和大家的沟通多了。我们还专门为他拍了照片。总体算下来，参与项目的村民差不多有二三十个；全程都参与的大概有七八个吧。

《建筑创作》：这些村民来参与是请来的，还是自发来的？

何崴：是请来的。项目本身是公共的，为了公平，也会给村民一些工钱，但是不多。留在村子里的基本上是老人和小孩儿，参与项目的年纪最大的老人一个75岁，还有一个68岁。参与项目的劳动对他们来说也是一种收入的来源。

《建筑创作》：和村民打交道有什么经验和教训？

何崴：和村民打交道，需要技巧，需要耐心，但最重要的是需要真诚。要让对方觉得你是为他们着想，要不然是很困难的。在项目过程中，我们会告诉他们为什么要这么做，而且是用他们听得懂的话解释为什么这么做。

比如餐厅是为了赢利，博物馆是吸引人来的重要原因，是为了村庄未来的产业——茶油。我告诉他们，人们不会开车几个小时就为买茶油，但是你这里如果有全国第一个茶油博物馆，他们就会来！我们还告诉他们，博物馆应该是体验式的，不能只挂一些图片，要让人体验手工茶油的制作过程，要陈设传统的榨油油车。村民很聪明，他们

竟然从旁边乡镇找来周边仅存的一辆油车。这架油车有300年的历史，是一棵完整的树剖开做成的。我们让当地工匠修复了它，再把整个工艺展示出来。我们告诉他们，这样就可以吸引人来，并参与进来；可以告诉游客"这是你们自己手工榨的油"，这样做原本普通的茶油就可以为村庄创造大价值。我们还告诉他们，应该注册"西河"的品牌，当然还要有个茶油主题餐厅。

这些策略中其实还隐含着我们对村庄建设的一种理解。**我们认为乡村建设既要能传承传统文化，也应该能带来经济效益。因此，在这个项目中我们不仅仅要告诉当地人这样做有多好，还要让他们看到实际的经济效益。**

《建筑创作》：这个项目的最终造价是多少？

何崴： 造价约为150万元，包括土建、内装，还有一部分软装和家具。项目场地3700多平方米，建筑1500多平方米，算下来每平方米不到1000块钱，这还不算场地改造的费用。

建筑材料中除了钢和玻璃是从武汉买过来的，其他的都是当地的材料。当地的竹子，当地的木料，当地的石材，当然我们还尽量使用场地中的废弃材料，如屯在房子旁边的废瓦。我们把这些瓦切开，一分为二，作为地面的铺砖。铺砖的做法也完全是按照古法来做的：并没有使用水泥砂浆，用的是灌沙子的方法。在铺装之间灌沙子，一下雨，沙子就沉降下去，然后再灌沙，再通过雨水沉降。几次之后就固定住了，很密实，但是它又很透水，很原生态，同时对环境也没有影响。餐厅室内卡座的隔断也是按照当地堆柴的做法来做的，既有乡土性，又有当代性，而且成本也不高。总之，材料尽可能本地化，而且基本是村民自建，这使造价降了下来。

《建筑创作》：建筑具体运营情况如何？您会不会担心，在建筑师离开之后，建筑没有能够发挥到最好的那一面？

何崴： 在工程未完成的时候，已经有人开始找村里，希望在这里做活动。十一当天，当地最大的老板在这儿为孩子办了婚礼，据说还是河南省第一个无烟婚礼。此外，乡长和我们说，十一长假7天，来了约一万人。我们在兴奋之余，也非常惊讶。毕竟对于这么一个小村庄来说，一万人已经是一个很恐怖的数字了。我们一方面觉得自己的确为当地做了件实际的好事，同时也在和村里说，要注意控制，不能过度开发。

但同时，也发生了村民在使用过程中更改我们设计的情况。开始的时候，我们觉得不能接受；但仔细想想，这也是一种必然。

毕竟中国农民不可能像专业人士一样思维，他们很现实，需求也不同，所以我们对交付使用后的状态并不过分的强求。我一直觉得，建筑师如果一定要把建筑定格在一个他认为最适合拍照片的时间是不对的。前几天，有人还说我们的照片拍得不好。的确没有专业摄影师拍得好，其实我们也没钱请摄影师来拍；但另一方面，我们也觉得在农村做房子，贵在真实，照片是否够精美不是最重要的。

为什么我们做完了，还是要去？因为我们希望能够帮他们把方向捋顺。但是建筑师永远不应该把房子当作自己的儿子，因为它真的不是你儿子！怎么用？谁在用？都是村民自己说了算。这也是那天我在住房和城乡建设部（简称"住建部"）开会的时候提的问题：在农村盖房子到底是给谁盖？是给村民盖，还是给游客盖，还是给建筑师自己盖？这个特别重要，我们希望我们这个建筑 70% 是给村民盖，30% 是给游客盖。因为没有游客，就没有产业，没有收入；但是主要是为村民盖，建筑师应该退得比较后。虽然这个事儿做完了以后，会有人来宣传我们，这个我也不忌讳，设计师没有这个心思也不现实。但是归根到底使用的时候是村民在使用，到合适的时候我们会退出。我们把这个事情做好，当他们需要我们的时候，我们可能会再去。**建筑这事儿真的不是建筑师的儿子，建筑师最多就是个"代孕"的。**

《建筑创作》：建筑师参与乡村建设，建造一个房子只是开始，这中间常常包含建筑师对于乡村的理想，在这个项目中，您也参与了村子产业规划的讨论。能谈谈建筑师参与乡村建设的现象么？

何崴：从去年开始到今年，大家对乡村问题的关注呈现井喷状态，各个方面的合力把乡村推到了社会焦点的位置上。不可回避的原因是国家大政策，总书记提到的"乡愁""要看得见山，望得见水，记得住乡愁""建设美丽乡村"。在中国任何事情都绕不开政治，这是没什么可忌讳的。另一方面应该是经济上的原因，中国城市的经济增长点已经被挖掘得非常充分了，到了一个瓶颈期；现在乡村还有潜力可挖，因此从经济层面得到了关注。当然，还有其他因素，比如农村土地流转，比如民间资本寻找出路……种种原因造成了乡村成为热点，不仅是设计师的热点，也是资本的热点。此外，我觉得还有一个因素，就是传统文化的保护问题。大家手边有了闲钱，必然开始想"重新找回中国文化的根"。在这些合力作用下，忽然间乡村问题成为凝聚点，这个点似乎可以把所有问题都解决。

此前，已经有很多建筑师参与了乡村建设，也有很多成功的案例，但我个人觉得它们的成因与现在有所不同，它们不是在新的"美丽乡村"大背景下完成的，大部分还是一些个人或机构的慈善行为，更像是"捐助"。在这种模式中，资金与建筑师的力量更强，有更多的话语权。而这次是政府在推动乡村建设，从力度到广度比之前大得多，当地的意识和态度要比以往强。当然，因为时代的不同，很多地方官员对于传统文化的态度也与从前不同了，比如我们最近接触到的浙江松阳的王县长，对于传统文化的保留就非常有见解。很多地方政府已经意识到传统的乡土村落对于一个地区的发展有促进作用。

《建筑创作》：新县梦的 24 个项目，推进的情况怎么样？

何崴：新县的一系列乡村建设项目，进展的程度各有不同，但都在推进。我们的项目能够完成，一是因为运气，前面说的很多小概率事件叠加在一起才能完成这个项目；二是我们的团队盯得比较紧，前期进展比较快，所以后期一些资源就能倾斜过来，帮助这个项目的完成；再有就是因为我们是业余建筑师，不怕赔时间。（笑）

在中国的农村，指望所有建筑师长久地做公益，是不现实的。只有建立一个合理的机制，才能持续下去。这也是我们最近频繁拿这个项目参加展览，找一些媒体来做报道的原因。一是为了推广自己，我觉得我们做了一个不丢人的项目；二是我们想给乡村以信心，告诉他们请一个好的建筑师，不仅可以给乡村带来一座好房子，还能带来很多附加的东西：可以帮乡村做推广，让一个原本默默无闻的小乡村为人所知；可以让政府有政绩；也能给当地带来经济效益。我觉得，通过好建筑师的介入，中国乡村建筑也许能进入一个良性循环。

当然，也会有人说玩儿命推这个建筑是不是有点过了。但是我并不忌讳这样做，我希望更多的人知道这个项目，这对西河这个村子来说是非常必要的。他们原来实在太穷，太闭塞了，多给他们一些曝光，让当地人觉得传统的东西是有价值的，他们就会有意识去保留这些东西。相反，如果他们觉得这些东西没有价值，这些传统的东西很快就会消失了。

《建筑创作》：这样建筑师就成了连通乡村和外界的一个渠道。虽然刚才您说自己是业余建筑师，但是感觉您的立场挺职业建筑师的，讲实干。

何崴：毕竟从学建筑到现在已经 20 多年了，这些立场是不可避免的。**建筑师很关注实际的、落地的问题，而社会学家更关注伦理的问题。**在这新的一轮建设的过程中，建筑师其实起到一个排头兵的作用，干了很多并不擅长的事，比如说文化产业。但是他们在做，在通过他们的房子做社会修复，让农村年轻人有就业机会。这本不是建筑师的第一要则，但是建筑师在做。

《建筑创作》：最后总结一下这座房子吧，您希望给村民怎样的一个建筑？

何崴：我们希望做一个真正给农民的房子，有人文关怀。这 5 栋房子我们尽量保证它原有的物理结构，这样最省钱；其次是确认这个房子能够用起来，不是一个摆设。当初我们为什么要做一个博物馆呢，其实我们是希望能够拉动它的产业，不是为了做博物馆而做了一个博物馆。

最后，我们希望能给村民一个活动的地方。记得竣工那天，突然涌进来几百号人，大家就在里面逛，在这儿唱戏，随便坐——房子确实被村民接受了，好像这个房子对他们来说从来都不陌生。那天我觉得特别自豪，我和我的团队说，我们这一年的努力没有白费。

《建筑创作》：我们聊了这么多背景这么多故事，能不能总结一下这个项目对日后乡村建设的意义？

何崴：我希望这个建筑能对其他乡村建筑师有一定的参考价值，因为这个房子真的是和农民一起做的。这里面有好多建筑之外的事情，并不是一个简单的漂亮建筑。

我想告诉一些现在正要去乡村的建筑师，你不能够在北京的办公室里面做，一定得走到下面去；需要和农民打交道、要尊重农民，很多事情建筑师需要退让，不能以一种指导的状态去做，否则一定是做不好的。

注：文章引自"AC 建筑创作"微信公众号。

383

对谈人：周榕、何崴
时间：2020 年 6 月

不要雕琢，
但要展开跟人接近的关系

何崴： 首先感谢周老师来我的工作室参观。我这些年的设计实践工作主要集中在乡村建设（简称"乡建"）领域。乡建也是这几年中国建筑领域的热点之一。对此你怎么看？

周榕： 新乡建和中国的政治、经济是有密切关联的。十八大是一个很明显的分水岭，中国的高速城市化到十八大之后就已经在踩刹车了，在减速，当然因为惯性太大，还高速运行了一段时间。大概运行到2016年左右，随着经济增速放缓就逐渐停滞下来了。关于乡建的讨论，大概在2012年、2013年时候有一个小热潮，《建筑学报》组织过一次讨论，在怀柔瓦厂。

何崴： 那一次我没有去。

周榕： 那次讨论我参加了，还有黄印武、穆钧等人。记得当时建筑界掀起了一股小浪潮——要到农村去。大家开始明显意识到，设计产能在城市已经有一些盛不下了。但是，那时候去农村的人基本不属于城市的设计产能溢出，而都是有点"小追求"的。记得你在当时做乡建的建筑师里面，岁数算是比较大的。

何崴： 是的，算大的！我做西河粮油博物馆及村民活动中心项目（下称"西河粮油"）的时候，40岁整。

周榕： 当时我明显感觉到有一批七五后、八零后的建筑师自觉在城市里没有太多的机会，他们意识到上面一波波压着的前辈建筑师太多了。

何崴：其实我也觉得是。

周榕：大家到乡村去找机会，找突破点，回头看这事是成功的。

何崴：当时是机缘巧合。2012年之后我开始带学生"下乡"（一门田野调查的课程），当时我们用了一些非传统测绘的方式，也进行了发表和展览。因此，清华大学的罗德胤老师，及住建部的一些同行知道我们在关注乡村的事。后来也是因为这些工作，我们得以有机会到乡村去做一些实践。不过，从大的方面看，确实如你所述，是那时候突然间城市资源向乡村回流所致。

周榕：我记得当时政策上有一点儿松动，似乎流露出有限允许农村土地流转的意思，虽然也没有实打实地落下来，但十八大以后的农村政策明显有做新调整的倾向。2014年我写了《乡建三题》，在那个时间段内，确实有一波小的乡建浪潮，在这一波里面，**我觉得西河粮油项目很突出。它的突出不是单纯建筑学意义的，而是建筑空间介入了乡村社会的组织，实际上更多是一种社会性的意义。**

何崴：我同意。当时那个项目在所谓的建筑性上并不是特别强。毕竟是改造的，也受制于造价等很多的条件限制。但我自己觉得这个项目是很重要的，像你刚刚说的，它有意无意地探讨了一个机制，通过一个建筑项目，将整个村庄的人和事凝聚起来。

周榕：对的，村子内部形成了一个小的自组织闭环。我觉得有点像触媒，通过建筑及相关人士的参与，社会多种资源被集合起来，这个事挺有意思。我有一阵子对乡建相当热衷，虽然没有直接参与设计，但却保持着高度关注。比如当年李昌平、孙君弄的河南信阳的郝堂村，住建部第一次美丽乡村评选，我作为评委力主把这个村评为十佳之一。我觉得它有一套自己独特的组织逻辑：李昌平搞内生金融，孙君搞建筑改造。另一个有代表性的乡建案例是山西许村，也是由艺术家主导的。我认为艺术家的思路和建筑师不太一样，建筑师对乡建问题往往有一定复杂性认识，而艺术家往往是攻其一点并推向极致。

何崴：是的，艺术家更纯粹，建筑师则更偏重系统性思维。我有个问题，你认为乡村问题是纯粹的空间问题吗？

周榕：当然不是单纯的空间问题。西河粮油项目突出的点就在于它给出了将已经"原子化"的当代中国乡村社会关系重新凝聚起来的可能性。这个凝聚还不是完全由政府主导的，而是类似乡村自发性的凝聚。西河粮油所营造的空间就像以前村庄中的打谷场，大家吃完饭坐那聊天，有了这样的非正式公共空间，乡村公共生活的可能性就回来了。

何崴： 是的。原来中国乡村是有公共凝聚点的，比如祠堂。虽然很多时候祠堂是不开的，但是它起着精神居所的作用，到了1950年代、1960年代打谷场、供销社或者电影院替代了祠堂，成为这种聚集空间。但之后的很多年，中国乡村此类公共空间越来越少了。

周榕： 现在乡村也有自上而下配置的公共空间，但是没有认同感，老百姓对它们没有情感的认同。类似原来的公社、厂部，空地总是有的，但是由于历史原因，原本应该在这些空间上组织起来的社会性的习俗行为消失了，公共空间也就失去了乡村社会的认同感。**西河粮油项目正是修复了这种裂痕：设计的介入，让大家重新来到这里，老的回忆还在，还有农具、标语等等记忆载体，但设计又让场地有一种新鲜度和陌生感。** 熟悉和陌生的结合，像是原来跟媳妇已经没感情了，突然之间媳妇做了整容，看着跟新人似的，感情又有了。我觉得西河粮油给乡民们带来了这种"有活力的认同感"。

何崴： 我注意到你用了"陌生"这个词。我认为陌生化的度很重要。要有不同，但感觉又是连续的。

周榕： 记得那里原来是一个供销社，已经是破败不堪了。**你的改造等于赋予了建筑新的功能内容之后，又创造了一个精神的场所。我们老说"场所精神"（Genius Loci），但是不说"精神场所"。** 人需要一个精神性的场所，公共生活更需要一个精神性场所。从西河粮油这一点开始，把整个乡村重新组织起来，就像重新焕发青春。身体是怎么焕发青春的？就是重新组织，信息组织方式不一样了，本来应该衰老的细胞又活过来了。就像你每天吃的还是这些饭，为什么年轻的时候特别朝气蓬勃，到老了，每天还是吃这些饭，但是没什么用了。原因就在于你体内的这张DNA图谱发生变化了，它给身体的迭代构造发出的是充斥错误的信息指令，没准还弄出癌细胞来。你的改造相当于在原来已经挫败的组织图谱里注入了一些新的信息，从而让整个乡村社会系统焕发出了第二春。西河粮油项目给了我很深的印象，虽然从建筑学这块讲，它不如你后面做的爷爷家（青年旅社）。

何崴： 爷爷家青年旅社是我第二个乡村项目。

周榕： 尽管你的"爷爷家"，包括后来的一些项目，在建筑学方面的价值更高，但我始终觉得西河粮油项目在社会学意义上创造了一个重要的范例。因为它告诉很多人可以在乡村从这个角度干乡建，而这么干也可以通向成功。这个示范很重要，你算是第一个吃螃蟹的人，告诉大家这个叫螃蟹的物种可以吃而且很好吃。这以后就好办了，不管大小的螃蟹，壳能不能砸开，大家坚信砸开就有肉。我认为这个乡建的另类示范动作很重要，算是趟出来一条新路。

何崴：我非常同意周老师的观点，西河粮油项目是2013年设计的，后来我们做了很多的乡村项目，可能都没有西河粮油感觉那么润物细无声。

周榕：我对西河粮油的评价还是非常高的，因为它开创了一个模式，具有某种历史意义。后来有一拨一拨的年轻建筑师做乡村，很多人比你猛多了，甚至把城里都实现不了的审美取向和形式趣味都放在乡村，但其实无论从建筑学还是社会学的意义上看都没有太大价值。因为这套形式主义的东西在城里已经被研究得很深入了，放到乡村无非是换了一个商业消费的场景。比如现在很多年轻建筑师在乡村做民宿，并没有抓住乡建真正内核的东西，做完之后，就像是城里人在乡村弄了一个"租界"。

何崴：我觉得你用"租界"这个词特别有意思，它和当地人是有边界的。

周榕：当然是有边界的，租界就是这样。把城市的那套东西移到非城市环境中，外面看的是田野，里面是五星级宾馆，或者城里的精品酒店。

何崴：其实，我们现在也在做这种事。（汗）

周榕：没办法，这是消费社会的要求。我觉得西河粮油项目最好的在哪呢？它不是一个消费性的项目，不是为了讨好城里刷手机、看杂志的人，不是为了讨好城里未来潜在买单的游客。西河粮油没有那种"媚城"的"讨好性"，它还是本着很真诚服务于乡村的态度设计的。我觉得在西河粮油这里面没有什么做过了的地方，比如哪里下手重了，哪里在形式上要吸睛，哪里要突出主题概念等，西河粮油既没有被理论，也没有被消费主义污染，算是相当纯朴而本真的设计。

何崴：你这个评价很重要。

周榕：西河项目确实没有被消费污染。但是我觉得你近些年做的乡建项目却或多或少受到消费的影响，这事避免不了，因为你的业主要跟其他在乡村里的建筑竞争。我相信你碰到过不少这样的业主，他说哪哪儿又有一个网红乡建，何老师，你也得让我当网红啊。

何崴：我觉得你提的特别对，是非常中肯的。到现在我也认为西河粮油是比较纯粹的。后面我们做的很多项目都很难做到如此纯粹，有时候我们甚至刻意地寻求一些视觉性。这在我的文章里写过，正面说是通过传播性帮助业主引流或者是引资源，如果从批判的角度审视，其实就是屈服于消费主义的审美，通过视觉刺激，消费图像，抑或是消费空间。但在当代中国，这种情况很难避免。我在本书前面的文章中也提及此事，存在的某种程度上讲就有一定的道理，我们处于后工业的时代，传播已经变成了生活里不可忽略的一部分。

周榕：是的，这就是我们所处的环境，实际上今天我们所面临的情况是一样的：像评论家操持的语言、建筑师耍弄的形式都发生着改变。这些都不可避免地要跟消费社会产生关联，这是没办法的事，否则业主第二次就不找你了，大概逃不脱类似的情况。现在做生意特没劲，投资人要看你对标的是什么企业，国外的哪个企业？不是说你的商业模式，是你在哪条跑道上，是在这个赛道上你对标的是国外的哪个企业？在国内你能跑前三吗，能跑前三我就给你投钱。搞的没有任何想象力，没有更多的可能性。**我觉得西河粮油比较好的是因为它是混沌的，前面没人搞乡村，形式的路没人走过，社会的路也没人走过，技术的路当时也没太多人走。在它前面没有什么样板，西河粮油反而变成很多人的样板。**我当时写《乡建三题》就提出乡建大致分3条道路：形式流、社会流和技术流，西河项目更偏社会流。

何崴：西河粮油有几个前提条件确实是后来很难复制的：当时的社会环境是在"乡村振兴"战略提出之前，项目开始于2013年，完成于2014年，那时候，领导对西河粮油这件事的心态比较放松，比较纯，没有过多的预设，也没有招投标、施工图那些后来的程序。此外，我们也没有按照"美丽乡村"或者乡村规划的套路来做设计。

周榕：我认为"美丽乡村"的"美丽"是有疑义的。什么叫"美丽"？见仁见智。尤其到了下面的干部，他们就觉得只要是城里的东西就挺美的。

何崴：的确会出现误读的问题。另外，我觉得现在的很多乡建是用工业社会的方法来解决前工业的事。我们现在的建筑体系是工业体系，或者说现代主义的体系，比如我们需要施工图，所有的招投标都是基于施工图的完整和准确。但中国乡村是半前工业社会，城市又属于半后工业社会，这种错位性造成政府介入之后，所有的流程变得越来越像城市了，设计也越来越城市化。

周榕：现在我们乡村的规划和建设更多的是一种政府管制，像一种格式化。把城市格式化完了，再用这样的方式继续把乡村格式化，我觉得这事是危险的。中国传统文化的独特基因和地域多样性恰恰是保留在乡村的，在城市里已经没有了。中国城市哪有地域多样性？广东和东北的城市建筑从本质上看没有太大的差别，但是广东和东北农村真的是天差地别。

何崴： 其实我反对库哈斯提的"普通乡村"（Generic Village）的概念。

周榕： 实际上我觉得库哈斯进军乡村是个败笔，或许他想像爱因斯坦晚年那样搞个"统一场论"吧。他觉得自己的Generic City，就是所谓的"广普城市"或"普通城市"理论在城市里战无不胜，在乡村也可以适用。但乡村是不同的！我觉得最坏的影响就是让人用统一而简化的方式认知乡村、理解乡村、建设乡村。而且我很反对所谓的"乡村规划"，因为规划这套思路是一个特别简化的方式。城市规划是工业社会崛起之后，需要大量解决最简单的人口安置，乡村到城市人口大转移等问题而产生的。规划出来的城市永远是最低限的城市，规划是出不来好城市的，它只能保持城市空间不低于一个基本水准，而却无法弄出特别好的。哪个好城市是规划出来的呢？这套东西一旦进入乡村就特别具有破坏性。

何崴： 我同意。我意识到原来城市规划的那种几轴、几带、几中心的模式对乡村的伤害是非常大的。

周榕： 因为传统规划的工具语言传递信息的能力是低限的，它没有发展出一套很复杂的语汇。但进入了大数据时代，工具提升之后，我发现这几年规划处理复杂问题的能力提升很快，比建筑提升得快，很大的原因是它掌握了具有复杂度的工具。我觉得如果用简单工具去格式化乡村带来伤害更大，因为乡村保持了很多丰富的东西，历史性的、地域性的、文化性的、社会性的都在其中。

何崴： 你对自发性和匿名性怎么看？

周榕： 它们有一些非正统性的东西。我经常举"潍坊宫崎骏"的例子：一个精神有毛病的人，他每天出去拣点破烂，木棍、油毡、砖头之类的，然后一层层地垒起来。垒了7层的房子，歪歪扭扭，没有倒，特别有意思。如果按照规划的方式，是不可能有这样的结果的，这个人脑子里没有那些条条框框，反而能保留原生态最生动的部分。

今年1月我去了一趟大理沙溪，感觉特别糟糕，我上次去是3年前，那次就感觉很好。为什么呢？因为这次去时沙溪在进行保护性修建，所有的路都在大修，统一的石板路铺上去。以前的路这段是沙子的，那段是土的，那段是石板的，现在统一铺上石板，怎么看怎么假。还有就是溪水，本来沙溪不是全村都有沿路溪流，只是有历史上遗留下来的几段，现在在特意挖的全村每条路边都有溪水，石头都是统一从外面运进来的，砌得都一模一样。在我看来，沙溪完蛋了，当初打动我的东西全都没有了，都变成统一布景了。

何崴：太可惜了。我有一个PPT，题目就是《从自发建设到自由建设》，我觉得这个和我在美院的经历是有关的：一方面，我对自发建设和匿名建设特别感兴趣，收集了大量的资料，我称它们是"匿名的现代主义"（Anonymous Modernism），这些东西极具张力和幽默感，我觉得这对我的设计是有影响的。另一方面，是艺术家对规定并没有那么看重，他们会比较放松，这也深深影响了我。

周榕：这是艺术家里面的一种"宗教"，可以叫艺术宗教。

何崴：艺术家会说，规则就是为了打破的。我觉得这也对我的创作产生了影响，有时候我觉得我的创作不是基于现代主义的，或者不是按照建构逻辑来做的，我的很多思路更像后工业或者后现代语境下的。所以有一些东西，建筑师看起来没有那么建筑，但是我个人认为挺好的，它混杂了一些艺术性，甚至是非逻辑的表达。

周榕：你要说这个呢，我倒是觉得你的爷爷家青年旅社项目有受美院影响的痕迹。**因为它更多讨论的是材料——空间透明、半透明和不透明之间的材料转换。你用阳光板、木板和夯土墙，去表现质感和气味上的对比，以及视线遮与透的空间变幻等。爷爷家青年旅社没有太多的社会性，但是它表现出了一些设计和艺术的趣味，这种趣味是经典美院的。**建筑师不太这么考虑问题，包括室内设计师也不这么考虑问题。因为你使用的都是很廉价的材料，难以精密加工，一看就是很糙的状态，但是由于这种粗糙、不精美，所以你和材料之间距离很近。就像今天，我如果穿着短裤来，会有一种容易亲近的感觉，有天然的粗糙感。我觉得这种粗糙度可能跟你在美院，跟艺术家打的交道比较多，受到他们传染有关系。

何崴：有。

周榕：我建议你不要走雕琢路线，而是要速度、粗糙，但是那里面要展开跟人接近的关系，就像是黄声远在宜兰的创作。现在的乡村设计有点趋同，最后拼的是微差，拼的是对审美的一点儿小趣味的追求，但那点儿小趣味在外行看来没有区别。你说这个是大师做的，那个是商业建筑师做的，根本看不出来。但是，我觉得你要找到独特性，不做范式，自己做属于个人化的实验。

何崴：很有启发性的建议。你是否看过我去年的项目：石窝剧场？

周榕：我看过。设计的思路很清晰，保留原来的石壁，用建筑填补自然的结构，能明显看出来这一层层的秩序。虽然用现代设计的手法把秩序稍微做了变异，但我觉得每一下都是一个理性组织的结果。这些都是好的，但我觉得石窝剧场的复杂性还不够，我承认你试图在这里面建构某种程度上的复杂性，但是光有形式的复杂性未必就够用，这里还缺形式的生动性。像米拉莱斯设计的墓地，就不是完全流畅的，它会有涩的地方，会有不顺畅，有意破掉自己建立起来的秩序感的地方。

何崴：我不知道我理解对不对，你的意思是我更应该像艺术家那样，不求太精致和理性，加强某些非逻辑的，甚至有点儿荒诞的东西？

周榕：我觉得是的。即使你那么做，以你受的训练，清华的、德国的、规划的，根本不可能奔放到艺术家的那个程度，你就是疯了也不可能，这些理性已经渗入到你血液中去了。

何崴：你说的是对的，我非常赞同。

周榕：我认为石窝剧场是你这两年比较突出的作品，如果它还能再进一步的话，它会成为一个杰作。当年关肇邺先生讲建筑评论的时候，有一次跟我提过"建筑的五品论"，他是从画论里借鉴过来的。关先生将建筑总结为五品：产品、作品、精品、神品、逸品，逸品是最高的。

何崴：神品、逸品是画论里后两个，我记得画论里是：能品、神品、逸品。

周榕：关先生的见解还是很到位的。**我觉得石窝剧场已经进入精品的级别了。它无疑是设计精品，但是精品有一点不好，作者的痕迹太强了，因为太精了，等于把别人的认知和逸绪都卡死了。我一看就知道作者绝对花心思了，雕琢得没有败笔。一般的房子，满眼都是败笔，而石窝剧场没有。但要成为神品，还需要有"胜笔"。所谓"胜笔"，就是让我觉得这一笔带过去真棒、很妙，至少现在还没有这种感觉。建筑到逸品就更难了，寥寥无几，全世界没有几个人能做到，它整个就"化"了。有时候你会觉得很平淡，但是你仔细看就觉得特别牛。**

何崴：仙气。

周榕：为什么西扎（阿尔瓦罗·西扎·维埃拉，Álvaro Siza Vieira）牛呢？就是有这个仙气。你看了半天觉得丑，但是冷不丁一看觉得特别牛，那个境界太高了，不是普通人能到达的。比如伊东丰雄（Toyo Ito）的仙台媒体中心，这绝对是神品，不知道是怎么想的，又比如弗兰克·盖里（Frank Gehry）的古根海姆美术馆绝对是神品。

何崴：我能理解，神品要有一些意想不到的东西，要是开创性的。

周榕：是的，要有开创性，但是万一弄不好，就自取其辱。比如伊东（伊东丰雄，Toyo Ito）做的台中大剧院，那就不能叫神品了，连精品都算不了，用力过猛，弄巧成拙。要设计神品是有很大风险的。

何崴：在我的作品里，我个人觉得"爷爷家的青年旅社"是有意外的，是有建筑学上突破的。这是一个老民房改造，二层原来是一个大空间，用来储粮。我希望保持这个大空间，突然间我脑子里想到，能不能做成可以拆除的盒子，不把空间堵死。沿着这个思路往下发展，要可拆除的盒子，又要轻，要通透，索性就玩得狠一点儿：这个盒子不但能拆除，还可以在屋子里移动，于是盒子下面就做了轮子。盒子的表皮我们也用了当时几乎没有建筑师使用的阳光板。夯土墙做了修补，但没有最后刷白，就保留了修补的痕迹，有点像日本的金缮。

周榕：我觉得使用阳光板并不稀奇，美院的学生做展览就会用阳光板，但是它用到建筑语境中，跟夯土墙组合，就构成了特别奇妙的张力。墙面的处理也非常好，我觉得恰到好处。

何崴：我注意到你似乎很推崇粗糙感。其实我也很喜欢乡村建筑的自发性，它们特别放松，有些甚至是荒诞的，但我觉得特别有意思，也试图在我的建筑中尝试。最近我们有一个特别小的房子，基本做完了，房子的屋顶用彩瓦做的。

周榕：彩瓦是什么材料的？

何崴：就是釉面琉璃瓦。我最开始想用彩钢板，就是农民常用来盖彩钢棚的材料，但是人家不卖给我，因为买的块太小了。

周榕：这些琉璃瓦是单独给你烧的吗？

何崴：不是，是买的标准产品。我对乡村自建房中的彩钢棚、琉璃瓦或者瓷砖这类建筑学者经常批评的材料很感兴趣。我认为不能简单地批评它们，批评农民，而是要发现这种自建中的逻辑和魅力。这个建筑原址上是一个烤烟房，4个单独的房子并排在一起，上面是用来存放东西的平台，原建筑用了一个石棉瓦棚子。新建筑的形态正是对原建筑的一种转译。

周榕：原来的屋顶就是弧度的吗？

何崴：不是，是直的。

周榕：你这个建筑挺有意思，建筑和环境的融入关系很好，概念也有张力。我觉得你的设计应该保持生猛的气质，以一种玩票的心态，不要考虑建筑学相关的范式。乡村有意思的是那种粗糙感，随意、随便。

何崴：谢谢周老师。我觉得今天和周老师谈得特别有意思，对我后面的工作很有启发。最后，你能否用一两句话谈谈你对我工作的总体看法。

周榕：你的设计最大的特点是把建筑与社会性紧密联系起来，这点上我认为在国内你是做得最好的。 在乡村建设领域，你已经形成了具有强识别性的特质，也有众多的代表性案例，不仅确立了自己的领军位置，而且成功地摸索出了具有高传播度、可供效仿和追随的范式。虽然在国内乡建领域已涌现出一批成就斐然的建筑师，但我认为你的工作无疑属于最突出的之一。

周榕
中国当代建筑、城镇化、公共艺术领域知名学者、评论家、策展人；美国哈佛大学设计学硕士，清华大学建筑学院博士、副教授；中央美院城市设计与创新研究院副院长、视觉艺术高精尖创新中心特聘教授；《世界建筑》杂志副主编；多家国际国内专业媒体编委；原创知识自媒体"全球知识雷锋"架构创始人。

对谈人：左靖、何崴
时间：2020 年 8 月

乡建是一种乡村社会设计

左靖：你写的文章中，或者采访中除了谈建筑本身，谈得更多的是建筑之外的话题。其实，乡建本就是跨领域、跨学科的，是需要协力完成的工作。从事乡建工作的人士通常都有各自的专业，他们的切入点是非常不同的。

在《碧山》杂志书第三辑"去国还乡"专题中，我们专门做了一个中国乡村建设地图，收集了 2000 年以来中国各地的乡建案例。我们发现，不同身份的人进入乡村，往往是从自己原本的资源出发，并结合自己的专业，开始工作，大家为乡村贡献力量的方法方式非常不一样。比如李昌平，他做得最多的是内置金融，比如石嫣，她主要从社区支持农业入手。还有一些建筑师，最初基本上就是从建筑设计的角度。但像你这样的建筑师，其实挺少的，有意识地把乡村社会作为一个综合的、整体的考虑，不单单思考建筑设计问题，更多的是思考在建筑之前、之中、之后的系统性问题。当然也有更"极端"的例子，如黄印武、黄声远，扎根在一个地方十几年、几十年。总之，不同身份、不同领域的人，或者说即使是相同身份、相同领域的人，他们在乡村的工作都有各自取舍和倾向性。

哪怕所谓"艺术乡建"，如渠岩、我和靳勒，我们进入一个乡村，或者应对一个乡村的策略，其实也是完全不一样的。这种复杂性还在于每个乡村的差异性，比如我在安徽、在浙江、在云南和贵州的乡建也都不一样。乡建一定是应对某个地方的特殊性，所采取的差异性策略。

所以乡建确实是纷繁复杂的，每个人都是从自己擅长的领域，或者从他的专业背景，从他现有的资源入手，结合自己的专长，摸索属于自己的乡建道路。

何崴：我非常赞同左老师的这个观点。我们不是一个传统意义的，或者不希望以一种传统意义的建筑师身份介入乡村。正如你所说，**乡村是一个系统，乡建不是简单的建房子**。在很多工作中，我们希望拓展建筑学的边界。我觉得中国的乡建呈现的多元的状态，是特别有意思的现象。我个人希望以建筑师的身份进入，但又能够有一些超出建筑师"本职工作"的尝试。

左靖：像黄印武、黄声远，建筑师是他们的第一身份，他们还有第二或者第三身份，比如说你讲的"乡绅"概念。在一个地方时间长了，肯定做的不仅是建筑设计，还会参与到乡村的各种事务中去。这就是我编辑的《碧山：建筑师在乡村》中提到的，有些建筑师的工作，其实是一种"乡村社会设计"。当然不是所有的建筑师都是这样，大部分建筑师基本上都只设计建筑，完成甲方委托，然后就离开了。至于这个建筑怎么用，好不好用，能用多久，尤其是这个建筑与它的使用者的关系，与乡村的关系，如果在他们的职责范围外，一般不太考虑。

我们讲的乡建，其实就是以不同的身份做乡村的社会设计。我觉得这样的说法可能更加准确一点。比如何老师你是一个建筑师，你的本色或者底色是建筑师，但是你做了建筑师这个身份之外的，乡村的各种各样的工作，包括你要跟政府打交道，跟村民打交道，要考虑建筑承载的内容和运营……这些其实已经溢出建筑师的身份了。

何崴：我注意到左老师用了"乡村社会设计"这个词，最近我们也在一些情况下使用了这个词。你觉得乡村社会设计是否是当今中国乡建的一条正确之路呢？

左靖：以前还有一个词叫"社会工程"，后来是"社会设计"，两者的内涵有一定的交叉。这几年社会设计的概念被广泛提及，尤其是设计领域。我把这个概念挪用到乡村建设里面来，也许能够概括到，或者能够涵盖到我们工作中最重要的一些特点。

我认为乡村社会设计是今后重要的一个方向。因为我们每个人都会被专业限制，对其他领域不太了解，比如金融，我们的工作完全没有涉及。好在我是策展人出身，策展人有一个天然的优势，善于调集不同领域的资源为己所用。之前我是做当代艺术策展的，当代艺术包括各式各样的形式，非常跨界，为一个主题，常常会调集各个领域的从业者。在乡村，我基本也是按照这样的方法来做的。我的每个项目里面参与的人数都非常多，他们分属不同的领域，为了解决不同的乡村社会问题，如聚落、建筑、风俗、工艺，甚至宗教等。乡村建设需要不同领域的人一起来参加，一起来研究，所以乡村社会设计能够概括我们这样跨领域的人到乡村去做的工作。

何崴：我很赞同左老师的这个观点，你觉得我的工作是不是也在乡村社会设计的范畴内呢？

左靖：当然是，从你的文章和实践中都可以看出来。而且你在某些方面谈得更加深入，比如你提到"弱建筑设计"（Vague Architectural Design）这个概念。其实对应到策展领域也有类似的概念，即"强策展"和"弱策展"。所谓强策展大概的意思是策展人的问题意识很强，为了实现某一个他所研究的主题或主张，会发掘各方艺术家的创造力来为这个主题或主张服务，甚至可以说是要求艺术家完成他的命题创作。简单来说就是，策展人要表达一个观点，艺术家要为这个观点来创造作品。弱策展则是策展主题相对宽泛，艺术家各行其是，创作自己的作品，然后统一在相对宽泛的主题之下。策展人的作用是把艺术家的作品进行整合，或者从作品当中总结出一个相对一致的主题。强、弱策展对应着对艺术家的强干预和弱干预。关于强策展和弱策展的讨论，在艺术圈里也是一个比较热门的话题。

何崴：我觉得这个话题挺有意思，我们也能看到很多强策展或者弱策展的案例。我的理解就是强策展可能更多的是强调策展人的主观意识，可能这个展览看不到艺术家，看到的就是策展人。那么弱策展呢，其实策展人的作用变成了一个统筹的作用，反而是每个艺术家的个性会比较突出。我觉得建筑圈的一些展览也是这样。

左靖：对，你讲得好，是这个意思。

何崴：但建筑设计和策展还是有区别的，来乡村的建筑师大部分都是外来者。**我其实一直很反对建筑师把乡村简单地作为创作场地，只是利用乡村作为背景。建筑师应该是弱势的，应该明了自己工作的主旨是什么。并且，当我谈到"弱"的时候，也希望表达建筑只是一个过程或者一个环节，它不是目的和结果。**此外，在乡村，"弱"还表现在建筑师身份的多元性上，就像回到前工业的语境，在前工业社会，建筑师的身份并没有被分离出来，或者说没有那么独立，建筑师有可能是文人，也有可能是工匠，或者就是个村民，建筑师的身份是第二身份，或者虽是第一身份，但同时还有另一个身份。

左靖：你说得完全正确。我在《碧山：建筑师在乡村》专辑的前言里也提到过这个问题。在传统农耕社会，中国是没有建筑师这个概念的，只有工匠的概念。乡土建筑其实是工匠、乡绅、风水师等协力完成的。**在农耕社会，生产力程度不高，村落也是历经多年，慢慢形成的。**在这个过程中，还会有文人或者是官员的参与，比如园林，或是一些文化含量比较高的乡土建筑。不是现在一个狭隘的、建筑师的概念。

何崴： 中国的建筑师还是经历了一个工业化的过程，起码城市的建筑师是这样。那当建筑师回到乡村，会不会有一种给乡村捣乱的情况呢？

左靖： 在进入乡村的最开始是有这个危险的。还记得大概是 2015 年，我邀请梁井宇来设计贵州的茅贡粮库艺术中心。我们当时做了一个视频，梁井宇的第一句话就是："我们建筑师到乡村就是来破坏的。"我觉得这个自我认识是非常深刻的。他很困惑，因为他跟你一样是在现代西方建筑教育体系下被规训出来的建筑师。那么到了乡村这个陌生的场域，他是有强烈的自我怀疑的。建筑师到乡村到底能够做什么？能不能把城市里面的东西搬过来？乡土建筑和建造流程自成体系，建筑师何为？其实很多建筑师是把城市建筑的理念带进来，甚至建筑的形态等等。而且部分建筑师就像艺术家，是一定要做作品的。在初期，很多建筑师是这样，现在有相当一部分建筑师还是这样——做一个作品对他们来说是最重要的，其他的可以另说。但是随着这些年来乡村建设的开展，建筑师会调整自己的心态，或者说端正自己在乡村中的位置。

你的设计反映出建筑设计要贴合乡村本身的需求。因为在乡村，建筑使用者、产权所有者是合在一起的，这跟城市是不一样的，所以在乡建中一定要考虑乡村场域。它跟城市不一样，它有山川河流，有水田旱地，有传统肌理，有自己的秩序，还有土地性质、工程造价及应对乡村的地理、气候条件等问题。如果是营业性建筑，还需要考虑商业业态，以及如何运营使之持久的问题。因此，到乡村来，换了一个建筑场域，把所有上述问题都考虑在建筑的整体系统里面的建筑师是非常值得尊敬的。就像你的工作，你考虑的不是建筑本身的问题，而是一个总体性的系统。

何崴： 谢谢你的肯定。但我也有一些困惑，我们内部讨论，或和同行讨论的时候，也会被怀疑建筑性是不是够。当然，大多数人讨论的"建筑性"是指"现代主义性"。你怎么看这个问题？

左靖： 2010 年以来，我在黟县修缮过两幢清代的建筑。整个过程我没有请建筑师，完全是我自己跟工匠来进行磨合，就像村民一样，提出我的诉求，从个人的文化积累、审美，以及功能性出发，要求工匠根据我的诉求来改造这两幢建筑。非常像刚才你讲的，在传统农业社会里面建造房子的过程。专业的造房子由工匠来解决，怎么使用房子完全是我自己的考虑。比如说供销合作社、书院，如果找一个建筑师来设计，恐怕不是这种感觉。还有猪栏酒吧，完全是两个诗人自己做的业余建筑，从整体风貌、建筑、景观到室内，本地性和乡土性传达得都非常好，建筑师未必能够做出来。因为建筑师有自己的专业习惯，会反复揣度业内人士的心理，不能做出超出"建筑性"之外的内容，这种惯性思维会强有力地影响到建筑师的设计。其他领域也有相似的情况，比如说电影，贾樟柯曾两次呼唤业余电影时代的到来。在他看来，如果一味地强调所谓专业的"电影性"，可能会导致创造力和文化信心的丧失。

在乡村公共建筑设计和改造的工作中，从重要性的角度，如果让我来排序，建筑可能排到第三位。第一位是内容，第二位是运营，但是建筑又是空间基础，所以，**在做茅贡项目的时候，我提出了 3 个生产：空间生产、文化生产和产品生产**。第一个是空间生产，即物理空间的生产。那它为什么排在第一位呢？这是按照我们做乡村社会设计的顺序来的，先是需要一个物理空间，然后在物理空间里植入文化内容，同时考虑它的可持续性（产品生产）。空间生产是物质基础，但是，当我们把 3 个生产放在乡村社会设计的系统内进行思考时，就重要性而言，我觉得是文化、产品、空间这样的排序。

何崴：一方面我同意你的观点，建筑是起点，是基础，不是结果，更不是目的。但另一方面，我也认为建筑本身除了空间属性外，也具备文化和产品属性，也是文化和经营的一部分。因此，我们应该把建筑设计置于整个社会系统中去思考。

左靖：是的。把建筑置于整个设计系统中，在这点上我们的观点是一致的。此外，我也并没有把建筑的"英雄性"和它的普适性相对立，其实可以让建筑的"英雄性"和普适性很好地嫁接起来。只不过在乡村做设计，还需要应对乡村各种各样的社会问题，包括政治、文化、经济等各方面因素。这种嫁接不是件简单的事情。

何崴：英雄性和普适性是一个很有趣的问题。从当前的情况看，建筑师参与的乡村在中国整个乡村中的占比是很小的。中国太大了，乡村数量也非常多，建筑师，特别是好的建筑师很难全覆盖。我也经常思考一个问题，我们这种建筑师进入乡村从事乡建，到底会起到一个什么样的作用呢？如果说这是一种"下探"式工作，工作态度是应该比当下的大众审美稍微高一点儿，适度美化，还是应该更具有榜样性的尝试？

左靖：我对何老师的工作是非常赞同的，但我也有深深的担忧。我的担忧在于，作为一位建筑师，你未必完全了解乡村，尤其是涉及乡村振兴中的产业振兴问题，再比如，一些乡村的商业业态和运营问题。这并不是我们的方向和专长。即便在建筑设计的过程中考虑了相关问题，但并不一定专业。比如我是策展人出身，我对展陈、视觉传达比较在行，但对于如何发展乡村经济，带动村民致富，我们则是外行。在这种情况下，我会请专业的团队来从事相关工作。乡村建设一定是多团队，多专业，多领域的人协力来做的一件事情。

何崴：同意你的观点，乡村建设不是一个团队能够完成的。**在我们的工作中，重点还是空间的规划和设计，但我们又不希望局限于此，而是将空间的工作向上下游延伸。至于其他领域的事情，还是要由专业的团队来完成，我们只是开个头而已。**

你提到你是策展人出身，我感觉你把乡村当成策展，邀请不同的人和团队来参与，你作为总控制者、总协调人来完成整件事情。你是怎么操作的？

左靖：我会首先搭建框架，针对一个村子的现状和条件，包括历史、文化、地理位置、自然条件、交通、物产等等，对它做一个研判，制定出发展方向。然后邀请不同领域的人参与其中，进行不同的工作。我会仔细挑选适合这个村庄发展和了解我的工作思路的团队，我反对简单的复制或者重复。通常我们会按照上面提到的 3 个生产的步骤来进行。

何崴：这种工作方法和我们的方法是类似的。

你刚才提到的乡建是多层级、多元的，也必将是多团队参与的。我个人认为不用特别强调哪种方法是正确的。从社区营造，从文化挖掘，或建筑师从建筑的角度去影响乡村，都具有它的意义和先进性。当然，每种方式都会产生不同的结果，这种结果之间会有一些差异，但是很难去简单地判断说，哪个方法就比哪个方法更高。不知道你是否同意这个观点？

左靖：我认为还是有高低之差的。虽然总的来说都是在为乡村贡献一分力量，但是贡献的力量有大小、强弱之分，涉及的面有广窄、深浅之别。乡村总的来说是一个社会，它包括方方面面，因此工作涉及的面很大，当然前提是你做得要对，那么你的影响会越大，对村民和村庄的改变会越多。

何崴：我想在广度的同时，还有深度。就像扎针，工作做得越深，越具有影响力，对村庄的贡献也就越大。

左靖：是的。不同建筑师在乡村的工作差别是很大的。很多人在乡村工作，但未必都属于乡村建设。你是真的在做，这让我很钦佩，但是我依然会追问，我知道你是一个很高产的建筑师，有很多项目，那么，你是怎么兼顾的？以及这些项目是否具备文化上、商业上的持续性？这是我关心的问题。

何崴： 特别好的问题。我从 2013 年开始做乡村的落地项目，至今大概 7 个年头。我们做了一些项目，也有很多未完成的项目，我们的确算是一个高产的团队，原因有很多。第一是国家大的政策形势，乡村振兴政策给了我们很多机会，而空间生产的周期比文化生产或产品生产要短，更容易在特定时间内完成。第二，因为我是建筑和规划双线进行，在很多项目中，我们是从空间规划开始，会在一个乡村里选择多个节点，它们完成的时间不同，这就给人一种错觉，似乎我们做了很多项目。

你关心的可持续性的问题，这些年我们也一直在观察和反思。在我们的众多项目里，有些后期的情况很好，有些则是不理想的。比如西河村，它的运营还不错，虽然后来村民对我们的建筑有些自发改变，但是我认为这恰恰表明建筑是活态的。再如2014年完成的爷爷家青旅，整个村子现在经营得非常好，虽然我们的建筑也被改变了很多，但是我想建筑已经完成了它的历史使命，它是第一个帮助村庄获得国际奖项的项目，给整个村庄带来了广泛的关注度，带活了这个村子，这就够了。之后在山东威海的项目也有类似情况，我们在王家疃村里改造了4处建筑，现在所有都已经租出去，有不同的团队在运营，虽然有些也对建筑进行了改造，但是这是一种活态的运转，是对的，没有问题。与这3个村庄不同，福建上坪的项目，我们投入精力很多，但现在的情况不是特别理想。其原因是缺少一个稳定的运营团队，虽然一直有人运营，但能力有限，一直不温不火，我觉得特别遗憾。

最近完成的山西项目我们有新的动态，我们尝试着介入运营。原因一方面是帮助偏僻的村庄完成项目的持续发展，另一方面我们希望通过后期的近距离观察，以一种后评估的方式来验证前面的设计，这样可以纠正设计中过于理想化、图像化、不利于运营，或功能上有缺陷的问题。

左靖： 你们的运营大概是什么方式呢？

何崴： 我们新组建了一个运营团队，包括有管理经验的专业人员，地方上的服务人员等，设计团队不直接参与运营。此外，我们团队在当地设了一个工作站，形成一种频繁的、周期性往返机制。我们的想法是请专业团队做日常运营，我们将自己在教育、文化、设计等领域的资源引入地方，通过一系列文化行动和活动，挖掘地方潜力，激发地方活力，贯通内外和城乡。其实很多地方我一直在偷师左老师。

左靖： 谢谢，你过誉了。我并不是做乡村文化发掘出身的，也还在慢慢摸索，不断积累经验。我们现在做的文化发掘和展陈利用，和专业博物馆的做法不太一样，虽然有通识部分，但我们更偏向艺术和创意角度。我一直说，我们无意展示过去的标本，而是着眼于未来的可能性。另外，我们还把展陈视为一种"乡土教材"，服务于当地居民。关于设计运营一体化的问题，我了解到，在日本就有公司，从选址到建筑设计、室内设计，再到运营完全是一体的，比如 UDS 在北京和深圳的 MUJI 酒店就是这样的范例。

我还想问一下，你在威海设计的石窝剧场现状如何？

何崴： 石窝剧场运营得很好。在设计之初我们就考虑了运营，比如看台下面的咖啡厅可以提供休息和简单餐饮，上面的舞台和周边的场地可以举办多种活动，如音乐会、比赛等。因为离村庄很近，又是完全开放的，所以建筑也为村庄老百姓提供了社区空间。现在有一个当地的团队在运营，时常会有一些活动举行。

左靖： 那非常好。其实建筑相对来说还有一个评判标准，但文化生产等工作涉及审美，而审美往往是个人化的，很难有评判标准，很多时候无法进入政府的评价体系。比如贵州的茅贡计划，我们提出"乡镇建设"的概念，这是一个创造性的工作。但创造性的工作意味着没有前例可循，所以就进入不了原有的话语体系，这是一个非常大的问题，因此得到政府的支持就非常少。

你我的工作在某种程度上都属于乡村的社会设计，这也是一个全新的领域。在这个领域里，大家都在摸着石头过河，都在探索，这也是我对你的工作特别钦佩的原因之一。我们是同一条道路上的人，希望能多沟通，互相帮助。

何崴： 感谢左老师的认可。我对你的工作一直非常关注，也非常敬佩和欣赏。我认为你提出的 3 个生产非常重要，你将 3 个生产结合得非常好，同时又不俗气，有一种知识分子的自觉性。你做的乡村既能够有持续性，同时又有品质，这和我们的设计有很多共通的地方。**在我看来中国的传统审美并不只有民俗，在乡村还是有雅的东西，因此，设计不能全往"俗"里走。**

左靖： 媒体将我的工作称为"艺术乡建"，其实我觉得这个定义是不准确的，应该叫"文艺乡建"，但"文艺"这个词又容易让人觉得矫情。我认为我工作的重点就是文化和艺术，即在乡村建设的过程中突出文化和艺术的作用。我的工作其实已经溢出了艺术这个范畴的，有的学者把它称之为"社会参与式艺术"。比如美国加州州立大学北岭分校艺术系的王美钦教授，她就认为，在过去的十年中，越来越多的中国艺术界专业人士，跳出了原本基于艺术作品或者以理念为中心的主流实践，通过对日常生活空间的介入，使当代艺术与大众——尤其是被边缘化的社会群体的生活有了越来越多的联系。不同专业人士在这方面的共同努力标志着当代中国的艺术创作、呈现、传播与讨论方式的一个重要转变。其中，以艺术为基础的乡村建设（文艺乡建）已然成为中国的社会参与式艺术的主要内容。这段话还是将我的乡村实践放在艺术系统内进行评价的，我欢迎一切能为乡村贡献力量的见解和关注。

我对自己乡村工作原则的总结是：第一是"服务社区"，所有的工作都应该服务地方的居民；第二是"地域印记"，所有的工作都要打上地方的标记，跟地方发生关系；第三是"联结城乡"，往乡村导入城市资源，向城市输出乡村价值。

何崴：这三点和我的很多观点是非常一致的，我在我的文章里也提到了类似的观点。比如你说的"地域印记"就是我提到的地域主义、地域性，"连接城乡"在我的文章里就是城乡联动，中国现在大部分资源还是集中在城市，完全不提城市的乡村振兴，是很难获得资源的，靠政府输血很难长久，必须要有内生动力和城乡循环。至于你说的"服务社区"，我们的工作里面也会涉及，它的本质是为乡村做事情，或者为地方社群做事情，而不是为建筑师个体做事情。

左靖：对，我们的工作原则、路径是很相似的。

何崴：是的，只是侧重或者切入的方式不一样。我更多的是从空间切入，而左老师更多的是从文化切入。

左靖：但是你现在已经把你的外延拓展了。

何崴：有点儿被逼上梁山的架势。（笑）

左靖：其实也挺好的，是一种探索，不见得非得囿于建筑师或者策展人的身份，最后我们可能都变成乡村社会的设计者了，这个词更能概括我们的工作。

何崴：对，可能又回到了民国时期梁漱溟、晏阳初这些人的状态，很难完全界定他们到底是什么身份，最后都变成了乡村建设者。

左靖：对。我们刚才讲城乡联结，其实中国过去有"城乡互哺"的传统，比如说徽商，在外面经商挣了钱以后，把大量资金带回来反哺自己的家乡，修桥、修路、修宗祠等，这就是为什么徽州一带保存了那么多精美的历史建筑的原因，光靠种田，没办法进行资本积累的。那么现在呢，我们其实也是在做城市反哺乡村的工作，把城市资源导入到乡村，算是中国"城乡互哺"传统的一种延续吧。

何崴：这个特别重要，我在一些文章里也曾经提到过，历史上中国城乡一直是联动的，大部分的人是在乡村长大，私塾或公塾教育，成年到城里去任职，老了回乡再变成乡绅或者教书先生，反哺乡村，一直是这么一个循环。后来农业户口和非农业户口把城乡的联动给切断了。因此，从某种角度我们现在做的事情就是重新把这种城乡关系织补回去。

左靖

策展人，乡村工作者。曾任北京伊比利亚当代艺术中心艺术总监，创办并主编《碧山》《百工》等多种期刊和书籍。他曾在国内以及西班牙、奥地利、挪威、智利等国的艺术中心和美术馆策划过几十场当代艺术展览和电影展映。在 2011 年后，左靖以安徽、贵州、云南、浙江和河南农村为基地，工作重点转向在地的乡村（镇）建设。

后记

何崴

一直想找机会出版一本关于自己乡村建筑的书，但也许是因为自己的懒惰，也许是因为时机未到，一直未能完成。机缘巧合，2019 年辽宁科技出版社编辑来我工作室拜访，大家交流得非常顺畅，我也就有了撰写本书的计划。

此书中的论文多为 2020 年疫情期间撰写的，它们是对我近年来相关乡村实践和思考一次小结。案例部分则选取了我主持完成的 9 个代表性乡村案例，或整村或个案，既有差别又有内在的逻辑。我希望通过它们，读者可以知晓我对乡村建设工作的理解。

作为建筑师我是幸福的，在过去的若干年中，无论是中央美术学院，还是三文建筑团队都给予我极大的支持和帮助。正是有各位同行者的鼓励和伴随，我才能顺利完成本书中的研究和实践。我也要特别感谢我的家人，没有他们的支持和无私奉献，我不可能取得今天的成就。

本书能顺利出版还要感谢辽宁科技出版社杜丙旭主任，刘翰林编辑的大力支持，美术设计郭芷夷的付出，以及我的助手李星露的辛勤工作，她帮助整理了大量的资料。没有你们，本书是不可能顺利面世的。

我要感谢清华大学周榕教授和著名乡建学者左靖先生，他们作为对谈嘉宾为本书贡献了很多精彩的思想，也激发了我对乡建的进一步思考。

我还需要特别感谢王受之教授和朱锫教授。王受之教授是我的博士导师，他一直对我的工作很关心，也给予了很多的指导；朱锫教授作为中央美术学院建筑学院的院长和非常优秀的建筑师，一直关注我的工作，并给我很多鼓励和支持。感谢两位老师在百忙之中为本书写序。

最后，希望本书能给读者带来有用的营养，也希望广大的读者喜欢我的作品，我的书。谢谢！

2020 年 9 月于北京

· 松阳平田村爷爷家青年旅社
浙江省丽水市松阳县　　　建成

2013 年

2015 年

2016 年

2014 年

· 小木厂乡创园
浙江省杭州市桐庐县　　　在建

· 老坝基驿站餐厅
浙江省杭州市桐庐县　　　方案

· 西河粮油博物馆及村民活动中心
河南省信阳市新县　　　建成

· 上坪古村复兴计划——水口区
福建省三明市建宁县　　　建成

· 高椅古村影剧院改造
湖南省怀化市会同县　　　在建

· 上坪古村复兴计划——杨家学堂
福建省三明市建宁县　　　建成

· 星星小筑民宿
湖南省怀化市会同县　　　建成

· 上坪古村复兴计划——大夫第区
福建省三明市建宁县　　　建成

· 高椅非遗博物馆改造
湖南省怀化市会同县　　　方案

· 婺源虹关村留耕堂民宿
江西省上饶市婺源县　　　建成

· 均安南沙爱情索桥
广东省佛山市顺德区　　　建成

· 岭根村下溪坦公共服务中心
浙江省台州市临海市　　　方案

· 岱海青少年研学基地
内蒙古自治区乌兰察布凉城县　　方案

· 西河粮油博物馆及村史馆展陈提
河南省信阳市新县　　　建成

附录

· 乡村建筑项目年表

• 白石酒吧
山东省威海市环翠区　　　建成

• 拾贰间乡村美学堂
山东省威海市环翠区　　　建成

• 柿园民宿
山东省威海市环翠区　　　建成

• 神山岭综合服务中心
河南省信阳市光山县　　　建成

• 神山岭榨油、酿酒体验中心
河南省信阳市光山县　　　方案

2017 年

2019 年

2018 年

• 琴舍民宿
山东省威海市环翠区　　　建成

• 王家疃乡村综合体
山东省威海市环翠区　　　方案

• 水岸餐厅
山东省威海市环翠区　　　在建

• 林下禅堂
山东省威海市环翠区　　　方案

• 新县别苑
河南省信阳市新县　　　　建成

• 都团公共服务中心
福建省三明市建宁县　　　建成

• 上坪莲花小木屋
福建省三明市建宁县　　　建成

• 上坪游客服务中心
福建省三明市建宁县　　　在建

• 潜庐富春江精品民宿二期
浙江省杭州市桐庐县　　　在建

• 榕树下的书屋
福建省福州市福清市　　　建成

• 永春新闽派住宅示范区
福建省泉州市永春县　　　在建

• 石窝剧场
山东省威海市环翠区　　　建成

• 龙泉镇柳林艺术乡村示范区设计
山东省青岛市即墨区　　　在建

• 韩洪沟村游客服务中心
山西省长治市沁源县　　　建成

• 大槐树下的红色剧场
山西省长治市沁源县　　　建成

• 军械库咖啡
山西省长治市沁源县　　　建成

• 造币局民宿
山西省长治市沁源县　　　建成

• 大地艺术雕塑：来自远方的信
山西省长治市沁源县　　　在建

• 巴谷宿集
重庆市垫江县　　　　　　建成

2017 年　　　　　**2018 年**　　　　　**2019 年**

· 张村镇王家疃村美丽乡村规划
山东省威海市环翠区

· 张村镇福德庄村美丽乡村规划
山东省威海市环翠区

· 温泉镇东西崮村美丽乡村规划
山东省威海市环翠区

· 茅山田园综合体规划
江苏省南京市高淳区

· 胜坑村传统村落保护发展规划
浙江省台州市临海市

· 石牛坑村传统村落保护发展规划
浙江省台州市临海市

· 张村镇刘家疃村美丽乡村规划
山东省威海市环翠区

· 张村镇姜家疃村美丽乡村规划
山东省威海市环翠区

· 威石片区轻户外运动小镇规划
山东省威海市环翠区

· 羊郡镇南杨家夼片区美丽乡村规划
山东省烟台市莱阳市

· 普礼村美丽乡村规划
福建省福州市福清市

附录

· 乡村规划项目年表